OURHOME
子どもも私もラクになる暮らしのヒント

小学生のおかたづけ育

整理収納アドバイザー
Emi

大和書房

『緑マット』の中は
ランドセル
ほうりっぱなし
OK！

入学前に「ここがいいね！」と双子の子どもと一緒にランドセル置き場を考えました。けれど、実際の小学校生活が始まってみると、帰宅後なかなかその位置にすぐに戻せなくて、ソファーへポーン！　廊下へポーン！　の日々が続きました。

「だって、帰ってきたら疲れてるし、ランドセル重たいからそんなにすぐに戻せない〜」と子どもたち。

どれどれ……と、子どもたちのランドセルを持ってびっくり！　5kgもあってすごく重い！　わたしも実際にランドセルを背負って家の中を歩いてみて、子どもたちの気持ちがよーくわかりました。

けれど、ソファーや廊下に放り投げたままでは家族が困る。「どうしたらいいと思う？」と子どもにインタビュー。すると、放課後、校庭で遊ぶときには、人工芝の通称『緑マット』にランドセルを置いてOK、というルールがあるそう。それを自宅でやってみよう〜！　と、考え出したのが、緑のラグの中だけは、ランドセルほうりっぱなしOK！

しかも学校と同じように『緑マット』と呼んでみよう！　明日の学校の準備が全て終わって、寝る前にはラックに戻そうね。

このルールは、大人の「ランドセルがいろんなところにほうりだされるのは困る！」と、子どもの「ついついほうりなげちゃう」のちょうどいい間のルール。

「子どもを責めずに仕組みをかえていく」。それも子どもと一緒にアイデアを出し合って！

かたづけ上手な子どもに育てたいわけじゃない。自分でルールを見つけてほしい。

これがわが家の『おかたづけ育』。

ランドセルは親が勝手に開けないと決めています

ランドセル。子どもがはじめて手にする高価な自分のかばん（私のバッグよりいいお値段！笑）。大切にしてほしいと思うから、自分のものだよと示すために、私は子どもたちの了解なしにランドセルを勝手に開けないと決めています。

大人だって、自分のバッグを誰かが

ごそごそ触っていたら良い気はしません。もし私が、勝手にランドセルを開けて、子どもたちのプリントやお弁当箱を取り出したら、「どうせ、お母さんがやってくれるもの」だと思うようになる気がしたのです。

忘れ物をしない子に育てたいわけではなく、自分で気がついて、自分で動く子どもに育つとうれしい。困ったことがあったなら、自分で工夫を考えられたら最高！　そんな子育てをしたいなと思っています。

「給食の袋、洗ってるのかな？」ランドセル開けたいな～という気持ちが今までひとつもなかったわけではないけれど（笑）。

もしかすると、【子どもを信じて待つ】というひとつの示し方が、ランドセルを勝手に開けない、触らない、ということなのかもしれません。

大事にしたいのは「ぼく、わたしはコレが好き！」という気持ち

子どもたちの机や棚の上には、それぞれのとびきり好きなものが並んでいます。息子はサッカーのトロフィーや盾。娘はつくった作品や、ピンクのお気に入りの時計。

子育てで大事にしたいのは、子ども自身に【自分の好き！】があること。スッキリかたづけられる子どもに育てたいのではなく、自分の心地いいルールを、自分で見つけられること。

大人からみると、もうちょっとスッキリしたほうがいいんじゃない？　これここに置かなくてもいいんじゃない？　言いたいことはいろいろあっても、ここは子どもが勉強したり遊んだりするところ。

大事なのは、子どもの気持ち！　ですね。

はじめに

【みつかる、私たち家族の〝ちょうどいい〟暮らし】をコンセプトに、私を含めて10人のママスタッフで、くらしの情報発信とオンラインショップの運営をしているOURHOME主宰、整理収納アドバイザーのEmiです。

おかげさまで、13刷となった『おかたづけ育、はじめました。』の出版から約4年が経ち、わが家の双子も小学3年生となりました。

「子どもは自分の『好き』を見つけるのが大事！」日頃そう思っていたはずなのに、子どもたちが小学1年生になる前日、

「ぼく、まいにち、サッカーのユニフォームを着ていく！」

と言った息子を止めそうになったのは私です……。小学校にあがるのだから、新しい先生やお友達との出会いもあるし、いわゆる「普通」の服を着て行ったほうがいいのでは……。ついそんな気持ちが芽生えてきたのです。でもそのとき夫に「大事なのは、やっぱり子どもが好きな服を着ていくことなんじゃない？」と言われ、猛反省。結局息子は全身サッカーユニフォーム（ハイソックスもバッチリ！）で登校しました。

登校初日、高学年のお兄ちゃんから「一緒にサッカーやろう！」と誘ってもらい、とてもうれしかったと息子が話してくれました。服は自分を表すもの、アイデンティ

ティー。やっぱり子どもの好きが大事！　と感じた瞬間でした。

親はつい先回りをして「こんな服、変に思われないかな？」「柄の組み合わせっておかしいよ」と声をかけたくなってしまうけれど、でも、恥ずかしいのは誰だっけ？　子どもに恥ずかしい思いをさせたくない、と言いながら、じつはママ自身が変だと思われたくない、ちゃんとしていると思われたい、という本音が見えかくれ。私もこんな気持ち、もちろんあったりします。

息子は結局あの日からサッカーのユニフォームで毎日登校！　いつか自分で急に恥ずかしくなる日がくるかもしれないし、貫き通して6年生まで過ごすかもしれません。そのどちらでも、自分の気持ちを大事にしていればそれでいいかな、と思っています。

かたづけも暮らしも同じ。親がこうしなさいと伝えたことを守ることが大事なのではなく、自分で気づき、工夫し行動する力を持てることが大切ですね。12冊目となるこの本では、小学3年生の双子とのリアルな暮らしを書かせていただきました。

「早くしなさい～！　学校に行く時間よ！」。子どもに言ってしまうその前に、お子さんと一緒にこの本をごらんいただき、毎日の暮らしの仕組みづくりに役立てていただけるとうれしく思います。

emi

もくじ

CHAPTER 1 小学生、わが家のいちにち

CHAPTER 2 学ぶ

CHAPTER
3 長期休みのすごしかた

CHAPTER
4 着る

CHAPTER
5 遊ぶ

CHAPTER
6 みんなのお悩みQ&A

COLUMN

わが家の間取り図

3LDK80㎡に、夫と小学3年生の双子の4人暮らし。使い回せる家具を使って、子どもの成長に合わせて変化させています。

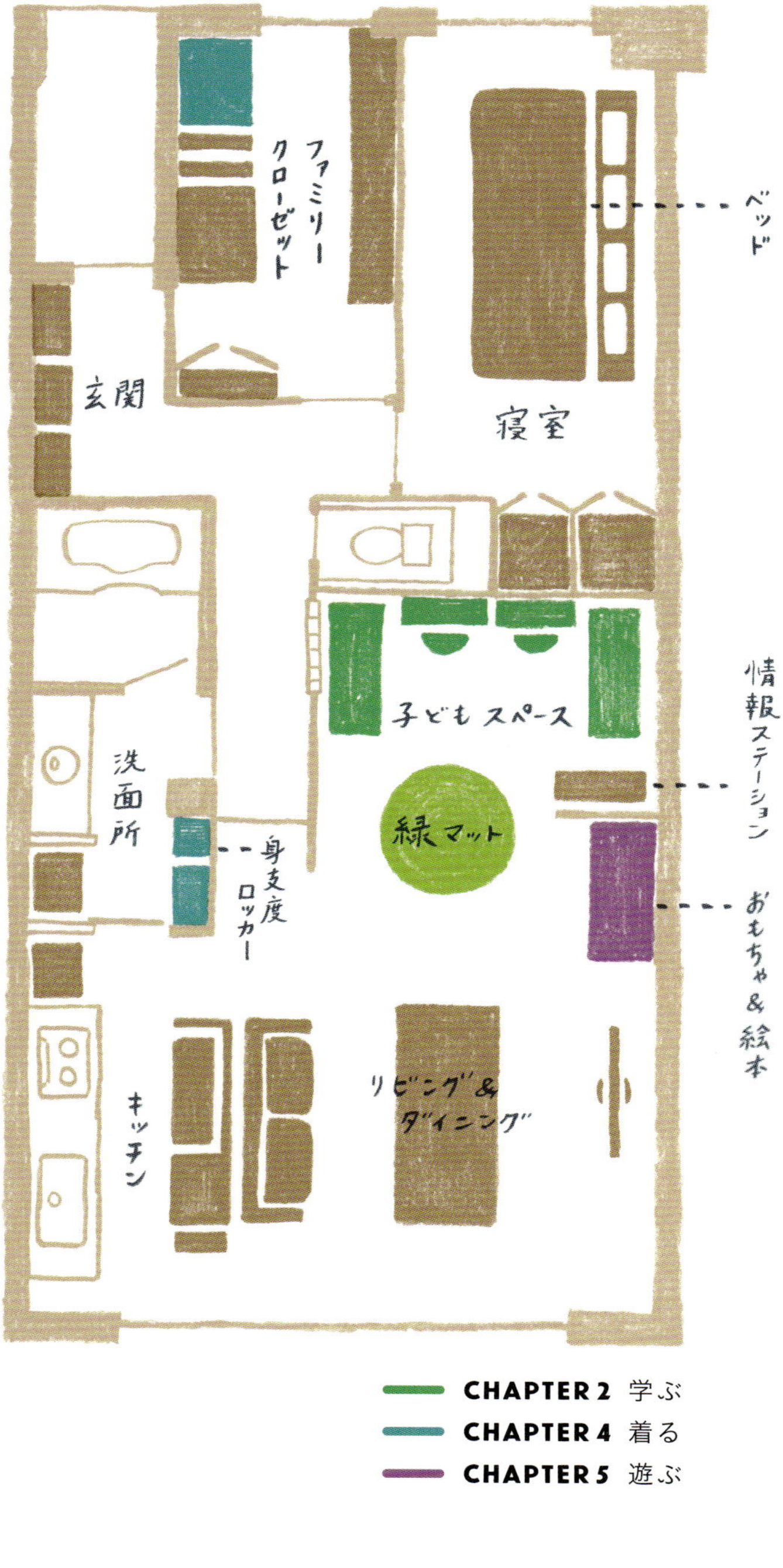

CHAPTER

1

小学生、わが家のいちにち

現在小学3年生の
わが家の双子。
まいにち、こんなふうに
過ごしています。

わが家のいちにち
時間軸で
追ってみます！

おはよう

6:00

目覚まし時計は子どもと一緒に買いに行く！

保育所のころは朝起きるのが私よりも早いことも多かった子どもたちですが、小学生になると習いごとや学校の疲れもたまっているのか、朝6時に起きるのが難しくなってきました（とくに息子！）。**どうしたらいい？と聞くと、目覚まし時計が欲しい**と言ったのです。たしかにそれまでは私のスマホのアラームのみ。私が消してしまえばそれっきりだったので、子どもにとっては起きるのが難しいのも無理はないなと感じました。一緒に買いに行き、時計を新調した今ではスムーズに！

子どものつぶやき

ピピピ、ピピピ♪
まいにち6時に目覚まし時計がなるよ。
ぼくが朝起きられないことが
おおくなってきたから、おかあさんと
目覚まし時計をいっしょにかいにいって、
自分でえらんだよ。
時々二度寝しちゃうこともあるよ。

洗濯ものたたみ

6:10

子どものつぶやき

保育所のころから
ずーっと自分のせんたくものを
自分でたたんでいるよ。
でも……最近は、毎日するのは
ちょっとイヤな気持ち。
だから、3日に1回くらい、
カゴがいっぱいになるときに
たたむようにしているよ。

洗濯ものたたみ、イヤになったら？

朝、私が乾いた洗濯ものをカゴに入れておき、子どもたちが自分でたたんでから出発する、保育所時代からのルーティン。が、小学校になると、気持ちのムラが出てきました。でも、想定内(笑)。毎日することが大事なのではなく、嫌だと感じるなら自分で工夫すればよいと思っています。息子は火・水はたたまない、娘は3日に1回たたむ、など独自のルールが。それでもOK！　ただし、洗濯ものがカゴに溜まっていることに気がつくように浅めのかごを選んでいます。

息子はすべての引き出しを開けて、たたみながらしまうという時短ワザをあみだしたそう(笑)。(身支度ロッカーP.80へ)

口出ししたくなっても じっとガマンガマン

実は今回の取材ではじめて、娘が朝の薄暗い部屋で連絡帳をチェックしている意味がようやくわかりました！（笑）。**1日の予定を考えて、自分に心地いい洋服を決める。**これは大人になってもずっと大事なことですよね。保育所のころから、子どもが決めた服をあれこれ口出しせずにいてよかったなと思えた瞬間です。

朝起きたらすぐ連絡ちょうを見ます。今日の時間割をチェックして、図工や習字で汚れる日は黒い服！何もなかったら他の色の服を着ていきたいから先にチェックをしているよ。

6:20 今日の時間割チェック

勉強スペースはP.36へ

6:30

着替え

ファミリークローゼットはP.77へ

1年生のころはキャラクターとかうさぎ！ とかの色や柄が好きだったけど、高学年のおねえちゃんにあこがれて、シンプルな服が好きになってきたよ。

子どものつぶやき

着る服は自分で選ぼう

シンプル好みな私からすると、ちょっとそれは……と思う服も、娘の好きを優先してきました。派手な色や柄が好きな時を経て、3年生になるとぐっとシックなものが好みになってきたようです。また変わることもあるかもしれないけれど、自分の「好き！」が一番大事！ 乾燥機を使えない素材の服を選ぶことも多くなり、娘の服はファミリークローゼットに収納。好きな服を選びにいくからか、リビングから遠いクローゼットへの動線も苦ではないようです。

子どものつぶやき

ぼくの家は、みんなそれぞれ好きな朝ごはんを食べます。お父さんとぼくはごはん。お母さんと妹はパン。朝は好きなものを食べて元気出していこう〜！　っていつもお母さんが言っています。

朝ごはん

6:40

子どもが使いやすい収納なら率先してやってくれる！

小学生になった今では、私が「お母さんも食パン焼いてほしいな〜」とお願いしたら一緒に焼いてくれるようになりました。朝の忙しい時間にとっても助かります！　そのために、子どもが取り出しやすい位置にパンや食器を置く。子どもが使いやすい収納への手間は惜しまず努力しています。

ニュースをみる

小さいときから、ぼくの家のテレビは朝はずっとニュースがついているよ。
天気をチェックしたり、ぼくの好きなサッカーの試合結果を見たり。
ニュースを見てわからないことがでてきたら、お父さんやお母さんに「どういうこと？」って聞くよ。

世の中のことを教えるのも親の大切な役目

小さいころから、良いニュースも悪いニュースも含めて、朝、子どもと一緒にテレビのニュース番組を見るようにしています。世の中にはいいことばかりではないことも知っていてほしいから。疑問に思うことや、気になることを家族で話すきっかけになっています。

勉強タイム

7:00

座って集中する習慣をつけてあげたい

保育所年長の終わりごろから、毎朝座って集中する習慣がついたらいいなと思って時間をつくってきました。

最初はお絵かきでもぬりえでもOK！　今は宿題とは別に学校のドリルの復習や、100マス計算など、そのときに応じてやっています。やる気のムラはもちろんあります（笑）。

今は子どもたちから「週末のサッカーや遊びで疲れているから、月曜日はナシにしたい！」という声があり、勉強タイムは火～金となりました。

子どものつぶやき

毎日朝は30分くらい勉強の時間。
学校のドリルをやったり。
3年になると
漢字小テストがあるので
その勉強をするよ。
学校に行く直前にやるから
まちがいが少なくなる気がする！

7:27

いってきます

ピロピロピロ～♪
出発の3分前に、
お母さんのスマホのアラームがなるよ。
この音が聞こえたら、
ランドセルをせおって帽子をかぶって、
学校へ行く準備！

子どものつぶやき

「早く！」と言わなくてすむ 3分前アラーム

「早くしなさい！　学校へ行く時間よ！」と言いたくなくてはじめた、出発3分前のアラーム。この音があることで、言わなくても気がつける仕組みです。

いつかはこのアラームがなくても、自分で時計を見て気がついて出発できるのが理想。4年生あたりからできるようになればうれしいなと思っています。

子どものつぶやき

ただいま〜！ 学校から帰ってきたら、ランドセルを『緑マット』にドンっとおくよ。1年生のころはソファーの上とかにもおいちゃってたけど、おかあさんといっしょに、「帰ってきたら、ランドセルは緑マットの中におく！」って決めたんだ。

親子ともにラクなランドセル・ルール

通称『緑マット』（P2参照）にランドセルをほうりなげてOK！ というルールができてから、**親子ともに気持ちがラク**になりました。

重いランドセルをすぐにラックにきっちりしまうのは難しいけれど、家中どこにでもランドセルをほうりだすと家族が困る……。そのちょうどいい間！ 子どもたちは帰宅後ここに置く瞬間、家に帰ってきた〜！ とほっとしているようです。

ただいま

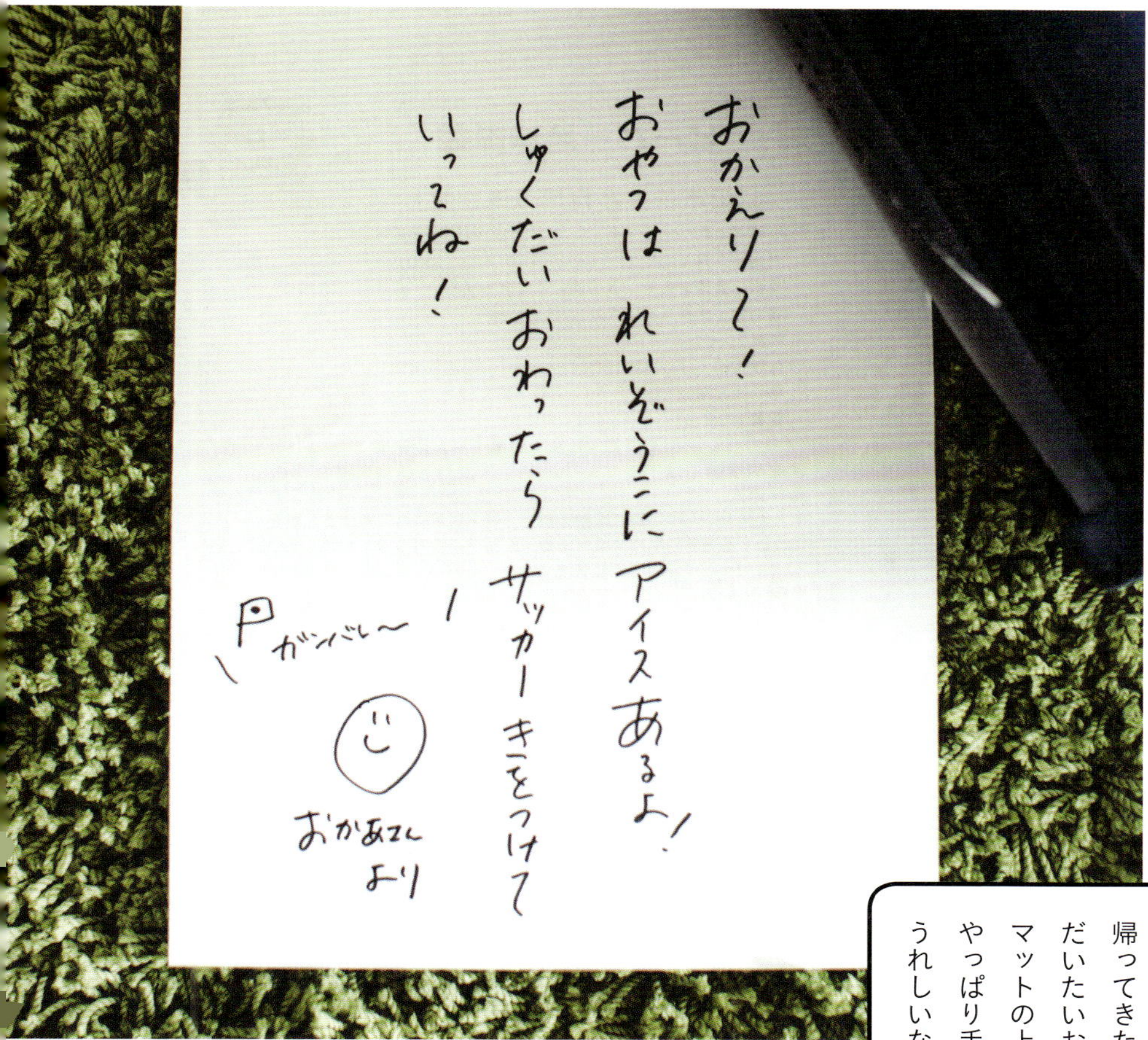

帰ってきたら、
だいたいお母さんからの手紙が
マットの上においてあるよ。
やっぱり手紙がある日は
うれしいな〜って思う。

子どもといる時間は少なくても コミュニケーションをとる工夫を

子どもたちは学童に行く日と、学校から帰宅して習いごとに行く日の両方があります。

働いていると、家で帰りを迎えてあげるのは難しいので、できるときは手紙を書くように。裏紙にさっとだけれど、あるのとないのとでは違うようです。

時々子どもたちからお返事が書いてあることもあります。まだまだ可愛い小学3年生。

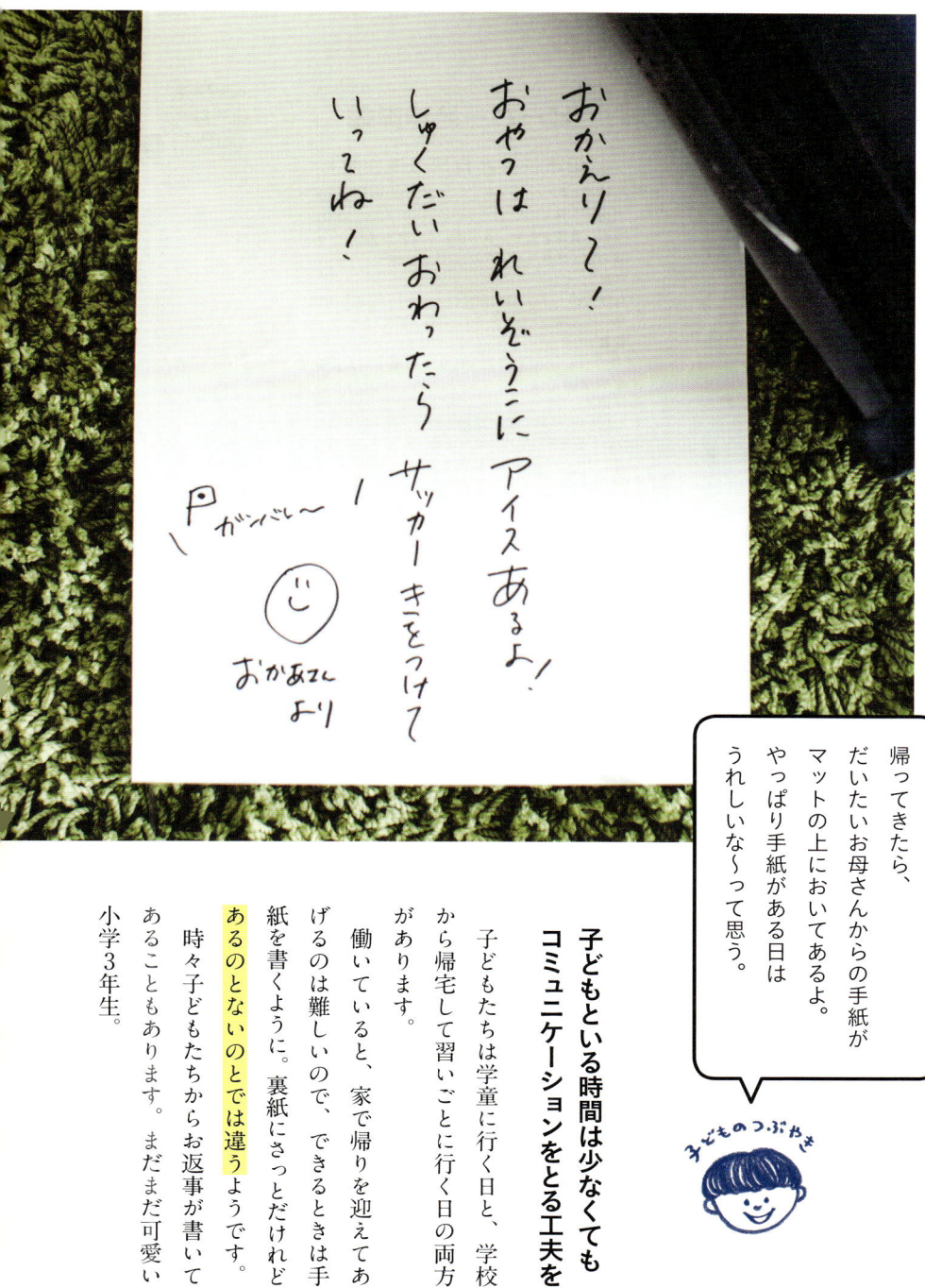

16:30 しゅくだい

学童がある日は学童で宿題をするけど、
そうじゃない日は家で宿題をするよ。
わからないときは、
双子だから教えあってるよ。
でもだいたいケンカになってしまうよ〜。

なるべく親が先回りしないようにしています

平日の宿題は、それほどボリュームも多くないので、私たちが仕事から帰宅すると、本読みが残っている程度です。

あまり先回りして声かけをせず……というより、細かいところまで見る余裕がないので、手抜きしているな〜とはっきりわかる時以外は、子どもたち本人に任せています。

相手の気持ちを考えて動ける子に

双子の連絡帳&宿題チェックで、何度もハンコを押すタイミングが……。その都度私がノートを開いてチェックするのは大変なので、チェックしてほしいページを広げてノートを重ねた状態で出してもらうようにしています。

ささいなことですが、例えば学校でも先生が見やすいようにプリントの向きを揃えたり、トイレのスリッパの向きを揃えたりといったことにも**つながる**のだと思っています。

学校の決まりで、宿題や連絡ちょうのチェックをお母さんにハンコをおしてもらってから学校にもっていくんだ。ハンコをおしてほしいページを開いてテーブルに出していたらおしてくれるよ！

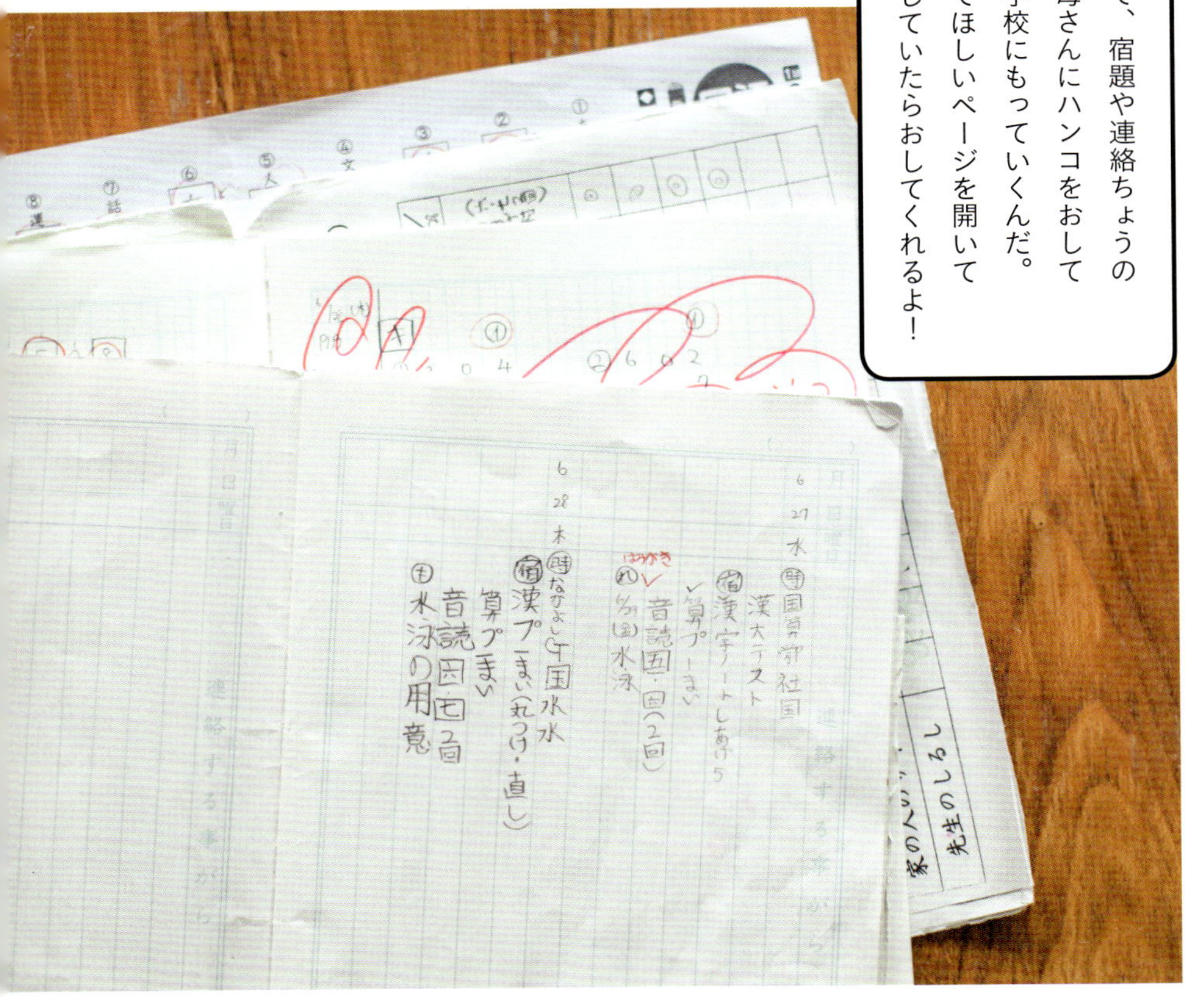

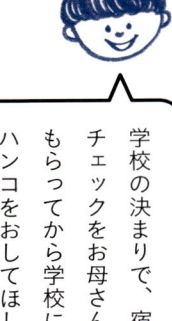

ランドセルをもどす

給食ぶくろをセットして、
明日の時間割をそろえたら、
最後は『緑マット』から
ランドセルをラックにもどすよ！
ぼくはすぐやるけど、
妹はだいたい寝る前が多いかな。

子どものつぶやき

やるタイミングにも子どもの個性がある

双子とはいえ、子どもの性格によってやりたいタイミングはちがって当然。昔は、同じタイミングで早くやったほうがラクなのに〜、なんて思っていたけれど、早くしても遅くしても、**明日が気持ちよくいけるなら自分のタイミングでいいのでは？** と思い始めました。

ランドセルはほうりだしっぱなしだけれど、『緑マット』のなかだから、私の気持ち的にもＯＫ！

おふろ

12
6
18:00
「ただいま〜！」
習いごとや公園での遊びが終わったら、家に帰ってすぐおふろ！
小さいころから帰ったらすぐおふろで、そっちのほうがあとからラクだし、気持ちいいからそうしているよ。

夕ごはんの前におふろ、の習慣続けています

小さいころからの習慣にしておいてよかった！　と思うことのひとつがおふろに入るタイミング。

保育所のころは、おふろ、ごはん、寝かしつけとやらなければならないことがたくさんあって……。そんななか、おふろ、という大きなタスクがひとつ先に終わっているだけで気持ちがラクだった双子育児。今では私たちが帰宅前におふろをすませていることも多いふたりです。

そのために朝のおふろタイマー予約は忘れずに！

ただいま〜

18:30 夕ごはん

子どもの家事参加もタイミングを見て

保育所のころは夕ごはん作りを子どもと一緒にやっていたのですが、最近は子どもたちも習いごとが忙しくなり、1週間に1度やるかやらないか、くらいの頻度。

でも今はそれでも十分かな！　と思っています。**やりたいタイミングが一番大事！**　乗り気になったときは、「はいよろこんで〜！」「店長！　切り方これでいいっすか？」と居酒屋スタイルがわが家の定番（笑）。

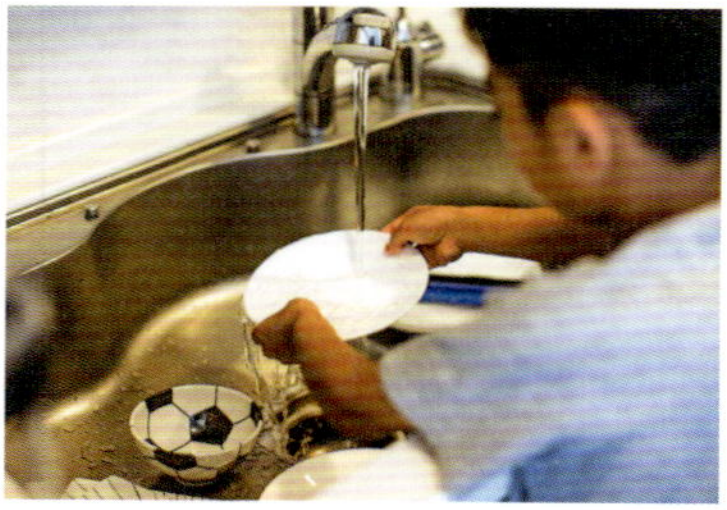

食べ終わったあとは、食器を戻して水で流すところまで子どもが担当。

夕ごはんの時間！
わたしが一番好きなのは、
おかあさんがつくったからあげ。
わたしたちは
ごはんをよそったり、
ならべたりするよ。
自分で食べたい量を
よそうようにしているよ！

あそぼう

19:30

毎日YouTubeを15分やるのが楽しみ！サッカーのゲームをやっていることが多いよ。タイマーで15分をセットしてやってるよ。妹と順番でケンカすることが多かったから、月水金はぼくが先、火木土は妹が先って決めたよ！

おもちゃ収納はP.96へ

タブレットやゲームとの付き合い方

スマホやゲームはなんとなくやってほしくないと昔は思っていましたが、使い方によっては私たち親が教えてあげられないことを知ることができるチャンスなんだと思うようになりました。息子はサッカーの戦術を、娘はアクセサリーなどのつくりかたを、YouTubeで見て学んでいます。15分の時間制限は最初は夫が決めて、それぞれがこういう理由でもっと見たい、とプレゼンしてくるまではこのままで行こう！ と。ルールを守るのが全てではなく自分の欲求を伝えて納得できるならそれでOK！

タブレット以外の時間は、お父さんと将棋をしたり、工作タイム！

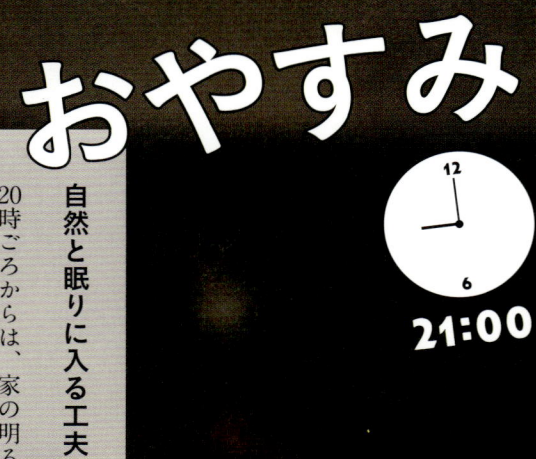

おやすみ

21:00

子どものつぶやき

毎日9時ごろになると眠くなるよ。家族全員でいっしょにねています。わたしはちょっと一人の部屋がほしくなってきているけど、まだひとりでねるのはさみしい気がしているよ。

自然と眠りに入る工夫

20時ごろからは、家の明るい電気はちょっとずつ消していきます。眠るためのトーンダウンのようなイメージ。寝室の電気をつけることはほとんどなく、いつもベッドに入るとみんなすぐに寝てしまいます。

明日も楽しい日になりますように。

CHAPTER

2

学ぶ

学習机、どうする？
ランドセル置き場は？
試行錯誤しながらつくった
「わが家の場合」を
ご紹介します。

HERE TO CREATE
つくったもの
Plenty Box

Plenty Box

「学ぶ」スペースの

わが家の決まりごと

1 机やラックに置くものは自分の好きなように！

最初は机の上は勉強するところだから何もないほうがいいかな～と話していたものの、自分の好きなものを飾り始めた双子たち。でも、「好きなものが目の前にあると気持ちがあがる！」そうなのでOKとしています。

2 親が勝手に机を触らない

ランドセル同様、子どもの机も自分で大切にして管理してほしいので、私は勝手に触ることはしないようにしています。

3 学期末に机や荷物の見直し

長期休みに入る時に机の引き出しやラックの中身を一緒に整理するようにしています。ついでに拭きそうじもして気分もスッキリ！

小学生の勉強スペース

学習机
息子編＠小3

ライト
つけたり消したりがしやすい上部のボタンタイプを選びました。（Z-LIGHT／ホワイト／山田照明）

机の上は自分の好きなサッカー関係を。

椅子
椅子は3歳の誕生日に購入。ダイニングのチェアとして1年ほど使い、その後解体してクローゼットに眠らせていました。サイズ調整可能な椅子です。

引き出し
無印良品の深さの異なる引き出しを組み合わせて。前に白い紙を入れています。（ポリプロピレンケース引出式／薄型／浅型／無印良品）

文房具類
引き出しの中は本人におまかせ。1ジャンル1引き出しで。

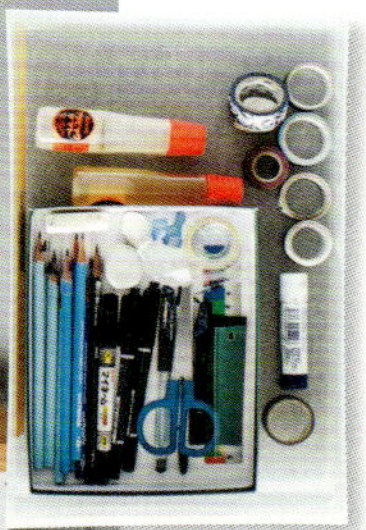

ドリル類
家でするドリルは息子なりにここに置くのが良いそうです。

大事なもの
おこづかいの財布はここに。

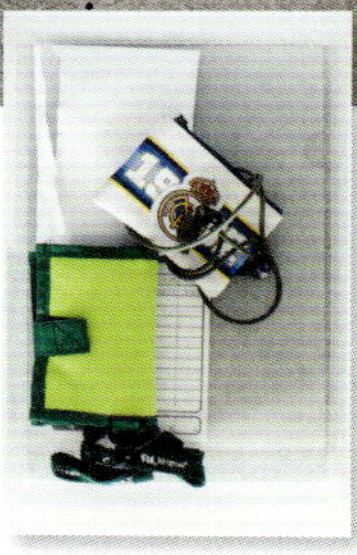

ランドセルと学校の道具

息子編@小3

粘土板やリコーダーなど高さのあるものはここに。（国産ひのきの絵本ラック／ハーフ／OURHOME）

ランドセルは動線上使いやすい位置に。

アウター入れ（バルコロール／八幡化成／Mサイズ）

学校で使う粘土や九九のカードなど、今は使わないけど、というものはここに。（桐のはこ。／OURHOME）

学校のプリントは放り込むだけ。
（→詳しくはP.42参照）

小さなころはこんな使い方も

ずっと使える、シンプルなオープンボックス。

子どもが生まれて小さなころは、おもちゃ収納ラックとして。小学生になるとランドセル収納ラックとして子どもの成長に合わせてずっと使い続けられる家具。お客さまからのご要望もあり、国産のひのき材にこだわったオリジナル商品を企画し、販売もしています。
（国産ひのきのオープンボックス／OURHOME）

学習机

娘編@小3

娘はここに好きなものを飾っています。ぬいぐるみになったり、時々レイアウトを変えている様子。

キッズケータイの充電はここで。

文房具

パッと見、ぐちゃっと見えますが、娘なりにこのマスキングテープはツリーの形に置いているということ！ 娘のこだわりです。

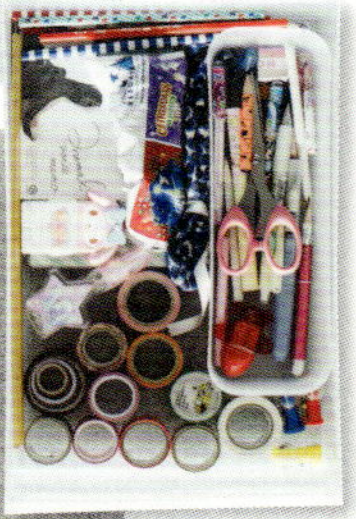

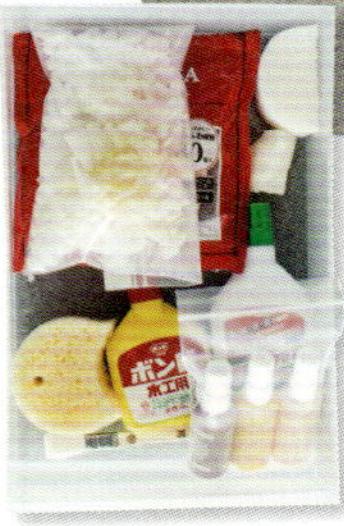

工作の道具

大事なもの

おこづかいなどの財布やカメラなど大切なものを入れていて、ラベリングは○□に！ どうして？ と聞くと、小銭とお札の意味だそうです。

絵の具

よく使うのでここだそうです。

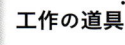

ランドセルと学校の道具

娘編@小3

つくったものや趣味のものはここへ飾っています。

習字道具

教科書類は意外と少なく、ほとんど学校に置きっぱなしのスタイルです（学校にもよります）。

プリントは放り込むだけ。（→P.42参照）

絵の具セット

学校で使うアイテムはここへ。

子どもにインタビュー

机の使い心地について息子と娘に聞いてみました。ふたりとも〝自分のスペース〟があることをうれしく感じている様子。それぞれ自分の好きな位置においてOK！　なのに、ランドセルの位置やボックスも、ほぼ対称に置いているのが、さすが双子！　相方がきれいにかたづけていたら自分もきれいにしよう！　と思うそうです。

子どもの机、こう変わりました

5歳になる少し前、子どもたちが自分のスペースを欲しがるようになり、このタイミングで、学習机を買おうかどうしようか、すごく悩みました。結局、身体の小さい二人にはまだ学習机は大きすぎると判断し、プレ学習机として、机を手作りすることに。

高さ30㎝
ローデスク

5歳@2014

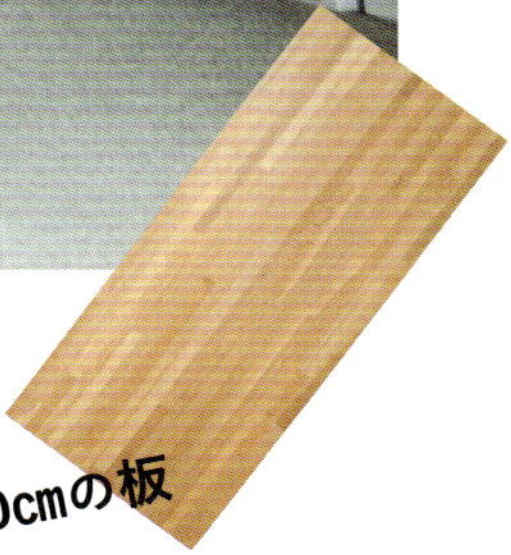

110×50㎝の板

天板と短い脚を組み合わせてデスクを手作りしました。大きくなっても使えるように、天板は大きめサイズに。自由自在に組み合わせができて便利でした。

壁付けで
使ったり

身長が伸びたので、小学3年生のタイミングで高さ30cmの低い脚から、70cmの高さの脚に付け替えました。

脚の高さを
変えました

お父さんと一緒に低い脚をとりはずして

サイズを測り〜

脚をしっかり取り付け

机や脚へのお問い合わせが多く、天板にひのき材を使ったオリジナル机の企画・販売をはじめました。（子どもから大人まで使える、国産ひのきの机／OURHOME）

完成！

学校プリントやノートのおかたづけ

プリントはBOXにポイポイ収納が便利

1年生のころから、毎日のテストプリント、使い終わった教科書やノートを、ともかくこのBOXにポイポイほうりこみ収納にしています。ファイリングするのは低学年には難しく、テストを振り返ることは時々あったとしても、いちばん上に最近のものがあるのでわかりやすい！ 子どもごとに1箱ずつ。

全部出して〜

進級時にプリント整理

年度末にだいたいこのBOXがいっぱいになります。進級のタイミングで一度すべてを出して一緒に整理！「このテストはとっておきたい、これはいらない！」など自分で判断して処分するものは処分します。

残すと決めたものは「保管BOX」へ

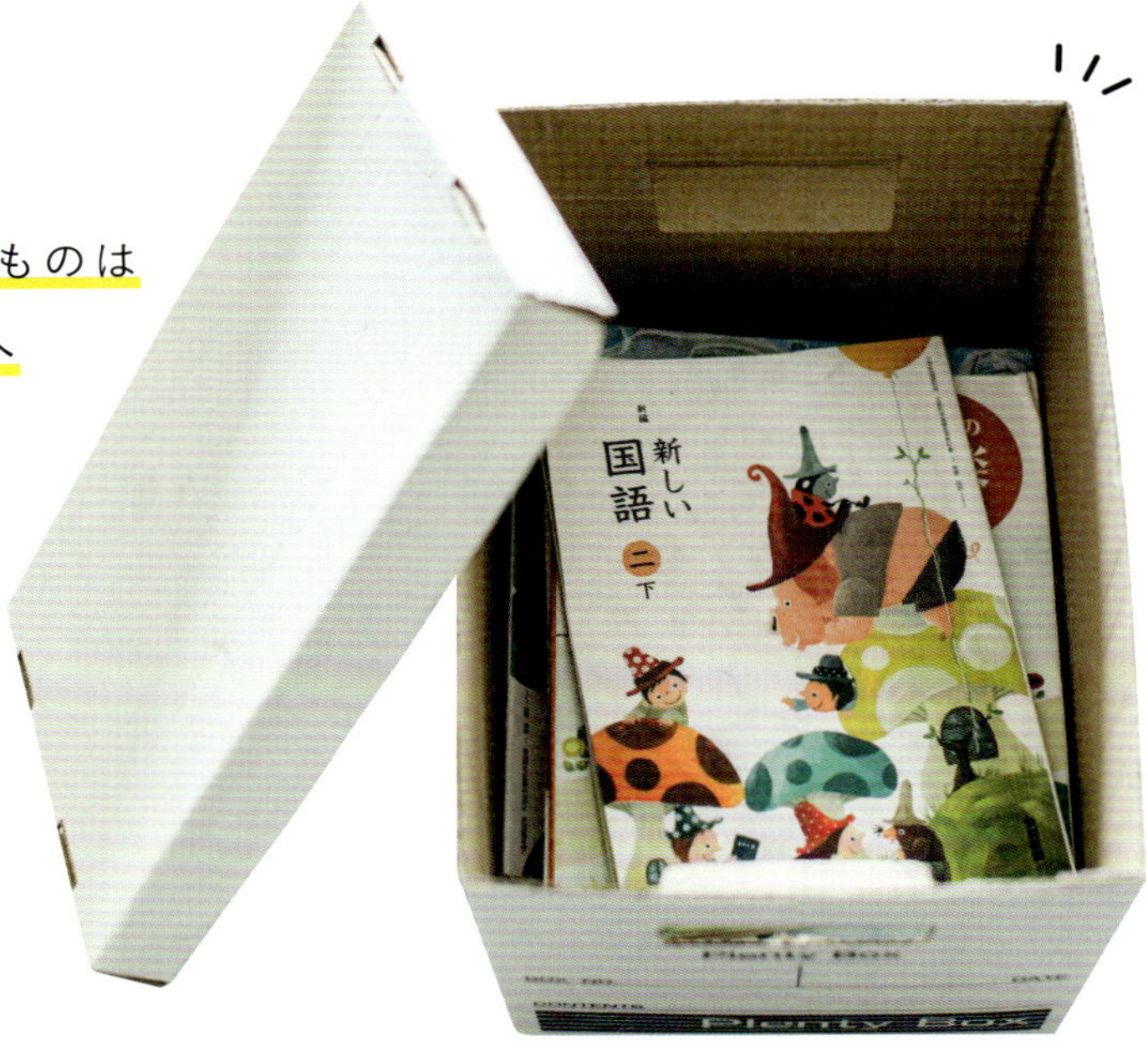

最終的に「とっておく」と判断したものを保管BOXへ収納。教科書は先生に言われたように、1年分だけ保管しています。

学年ごとに紙で仕切る

仕切りの用紙として、自分で「二年生」と書いてBOXへ。

「保管BOX」はファミリークローゼットへ

子どもごとに、ファミリークローゼットの上段に収納。見返すことはほとんどないので学習机から離れていても◎。

毎日どうしてる？

日々の勉強のはなし

学習ドリルはどうやって選ぶ？ Q1

ドリルは子どもが自分で選ぶ

塾や勉強系の習いごとには通っていないわが家。日々の勉強は、学童でやってくる宿題（残っていたら夕方自宅で）と朝の30分だけです。

朝に取り組むドリルは、ついつい親が選びそうになるのですが、実際それをするのは子ども。ハイっと手渡された親が選んだドリルを「やらなきゃいけない」という気持ちになるより、「自分で選んだドリル」のほうが進みやすいかな？　と思い、ドリルは子どもと一緒に本屋さんに選びにいくようにしています。

いまは国語の読解が苦手だからこのドリルにする〜？　どっちがいい？と、途中までは誘導しつつも（笑）、最終的には「自分で決めた！」という気持ちを大事にしています。

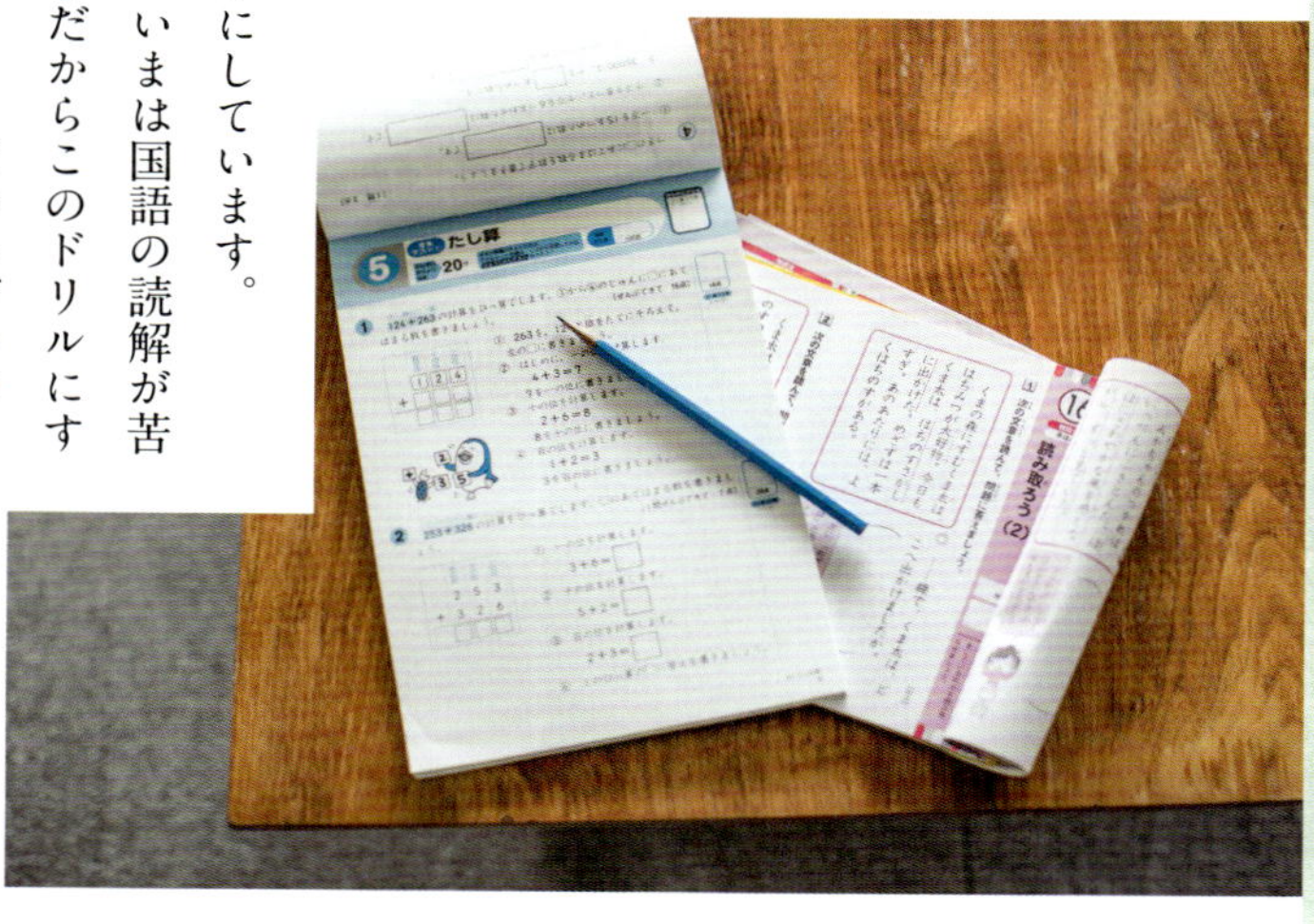

勉強はどこでしているの？

Q2

机とリビング半々です

リビングのダイニングテーブルと自分の机でするのが半分ずつといった感じです。朝の30分学習はダイニングテーブルで双子一緒に。学童でやりきれず残った宿題や、自分で集中して書きたい作文、本を読むなどは自分の机でしています。ダイニングテーブルだけだと、ごはん時に教科書などをどこかに一旦避難させなくてはいけないし、自分の机だけだと親に質問しづらかったりするので、両方あってちょうどいいなと感じています。

なかなか宿題しないとき、どうしてる？

Q3

すぐに口出ししません

1年生のころ、金曜日学校から帰ってきたら、「宿題やりたくない～」という時がありました。

ちょうど日曜に友達と遊ぶ予定があり、親としては早めにやっておいたほうが週末気持ちよく遊べるのにな～と思っていたのですが、なかなか取り組まなかった子どもたち。

結局、日曜の夜まで宿題に全く手をつけませんでした。友達同士盛り上がって夜ごはんまで一緒に食べた19時ごろ。どうするのかな？　と見ていると、友達を横目にしぶしぶ机に向かったふたり。やっぱり気になっていたようで、「早くやっておけばよかった……来週から絶対に金曜日にやる！」と自分たちから言い始めました。

失敗するって大事、自分で気づくって大事！と改めて感じた出来事です。

みんなの
勉強スペース 1

「自分でできること」「元に戻しやすいこと」を最優先に考えています

小学生の息子さんがおふたりのはやしさん。「以前はランドセルは『箱に入れるだけ』方式でした。でも、それでは・教科書が出しにくい・箱にとりあえずなんでも入れてしまう（くしゃくしゃのプリント、鉛筆）などでうまくいきませんでした。そこで、子どもたちと相談して今の低い位置に置くだけ！に」

RULE 1
ランドセルはリビングのボードに置くだけ

以前は箱に入れるだけでしたが……

はやしさん

家族構成…夫、子ども２人（長男・小4、次男・小1）
職業…自営業

RULE
2 リビングの机で勉強しています

子ども部屋はありますが、学習机はまだ持たず、勉強はリビングでしています。学用品コーナーをリビングの一角に作り、学校の道具や文具は集合させて、取り出しやすく元に戻しやすく。

RULE
3 学校プリントは浅いトレイに

学用品棚の上のプリント置き場に子どもたちが出します。私がためこんでしまわないよう、オープンな浅いトレイにしています。

見る頻度低め
ファイル

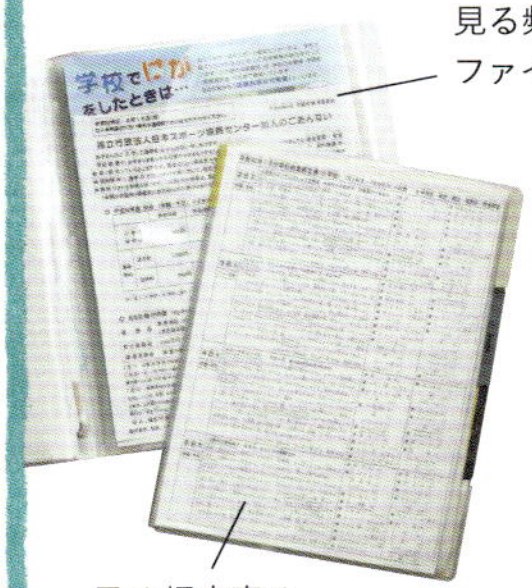

見る頻度高め
ファイル

プリントは見る頻度でファイル分けし、どちらも挟むだけに。分けておくことで月ごとのプリントの入れ替えがしやすいです。外出先で見たい情報が書いてあるプリントは「エバーノート」というスマホアプリに保存しています。

RULE
4 学用品コーナーをつくる

教科書や文房具、習字道具など、学用品関連を収納する棚をランドセルの近くに設置。兄弟別にして。

文具入れ
オープンな収納で元に戻しやすく。

みんなの
勉強スペース 2

やるのは子どもたちだから、子どもたちとルールをつくる！

RULE 1

平日は出しっぱなしOK！週末はしまう約束

小学生の息子さんがおふたりのMayuさん。「帰ってきてランドセルをオープン棚に入れ、宿題で出して、またしまう……。というのが子どもたちには本当に面倒！　そこでわが家では平日は自分のオープン棚の前に立てかけるだけでOK、にしています。但し、金曜日には、宿題と月曜日の準備をしてランドセルをロッカーにしまう、という週末のルールを子どもたちとつくりました。」

平日は
＼立てかけるだけ！／

Mayuさん

家族構成…夫、子ども２人（長男・小3、次男・小1）

職業…フリーランス

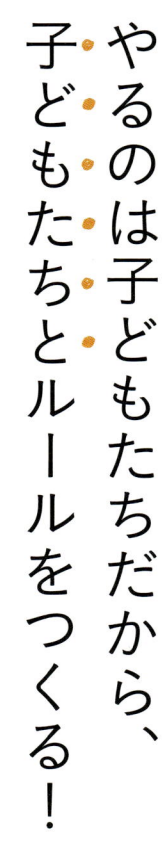

RULE

2 子どもたちが自分でラベリング

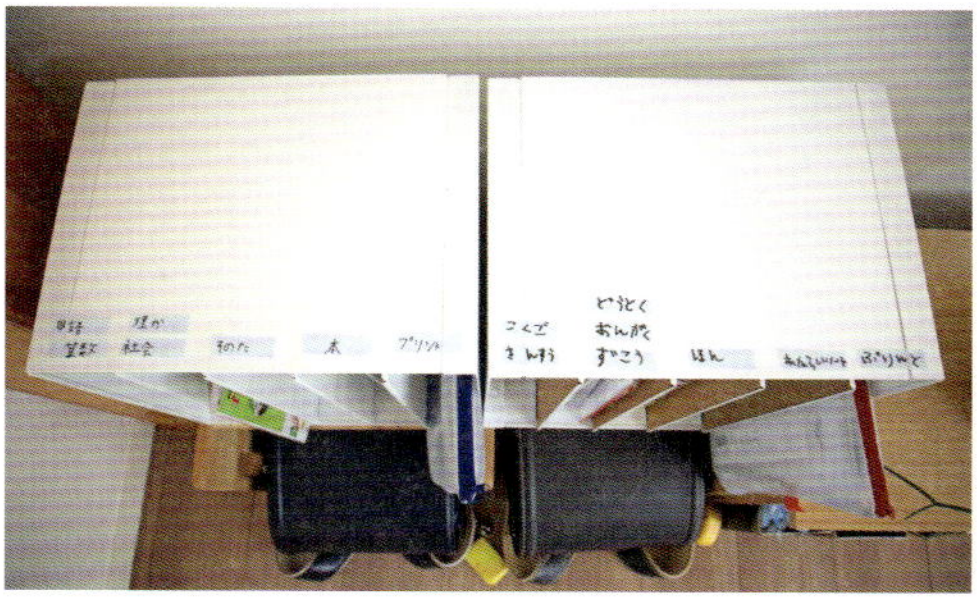

科目シールを自分で作って、教科書棚のどこに何が入っているか、ひと目でわかるようにしました。

RULE

3 学習机はいまのところ必要なし

学習机は持たずにダイニングで宿題をしています。

RULE

4 時間割をあわせやすい工夫

時間割は教科書棚のすぐ上の壁に貼って。見ながら合わせられるので便利。兄のクラスは時間割が毎週変わるのでクリップにして差し替えしやすく。

RULE

5 学校のプリントは3カ所に分けて置く

近日必要なプリント

キッチン後ろのホワイトボードに磁石のついたクリップで留めて、すぐ目につきやすいように。

保管プリント

リビング収納内のファイルボックスへ兄弟ごとに分けて。

学習プリント

私のチェックが終わったら、身支度収納上に平置きしたボックスへ。いっぱいになったら破棄します。

みんなの
勉強スペース 3

学習机は大切なマイスペース。子どもが自由にカスタマイズしています

RULE 1
引き出しの中は子どもが自分で使いやすいように

勉強は子ども部屋の学習机でやっています。机は祖父母からの入学祝い（アクタス）。双子ですが好みがそれぞれ違うので好きに収納したりレイアウトしたり。ランドセルは机の引き出しの前に置くことになっていますが、もう少し良い場所を模索中。

平引き出しは浅い上に面積が大きいので、無印良品のケースで区切って文房具などの細かいものを収納。どこに何があるかすぐにわかります。

長期休みに持ち帰る絵の具などは、机の裏に一時保管。

RULE 2
学習机の足元に習いごとグッズを置く

ピアノ、習字、英語を習っています。道具は机の足元（椅子の奥）にバルコロールのMサイズを2つ置いて、その中に入れることにしています。

大地さん

家族構成…夫、子ども2人（双子女子・小5）
職業…OURHOMEスタッフ

みんなの
勉強スペース 4

とにかく、本人が考えて決める、ということを大切にしています

RULE 1

子どもから答えを引き出す

散らかってきたなと感じたら、「この場所は戻しにくい？ どこだったら戻しやすいかなぁ？」と本人に聞くようにしています。「○○だから戻しにくい！ ここがいい！」と明確に答えてくれます。

教科書収納はラベルを貼ってわかりやすく。

RULE 2

文房具は勉強する場所のすぐ近くに

リビング学習なので、文房具は取り出しやすいようにリビングダイニングの棚に置いています。

リビングの隣の和室にランドセル置き場と身支度コーナーを設置。

吉田さん

家族構成…夫、子ども２人
（長男・小５、次男・年長）
職業…自営業

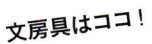

みんなの
勉強スペース 5

ランドセルのまわりに準備するものを集中させて、ここですべてがそろうスペースに

ランドセルのとなりにファイルボックスを置いて、教科書類を入れています。押し入れの扉は外して取り出しやすく。

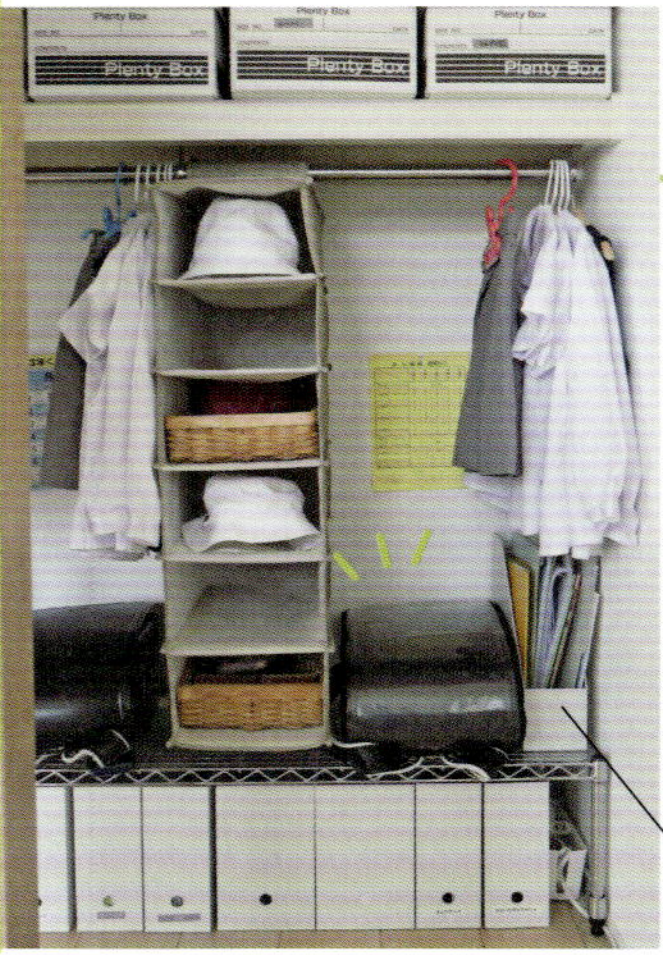

ランドセルの横に教科書類を。

RULE 1

押し入れにスチールラックを入れ、学校関係を一括管理

幅120cm、高さ30cmのスチールラックに、姉妹二人のランドセルを置いています。ランドセル置き場の上に制服、制帽、携帯置き場などを作り、ここですべて準備ができるようにしています。探し物もすぐ見つかるという利点も。

RULE 2

あえて長机にしてみんなで共有する

リビングに隣接した部屋を子どもたちの勉強&遊びスペースに。窓際に奥行きの浅い机をつけて、兄弟3人並んで勉強しています。椅子は年齢に応じて高さを変えられる「トリップトラップ」を色違いで。

aikoさん

家族構成…夫、子ども4人
(長女・小3、次女・小1、長男・年中、次男・7ヵ月)
職業…会社員

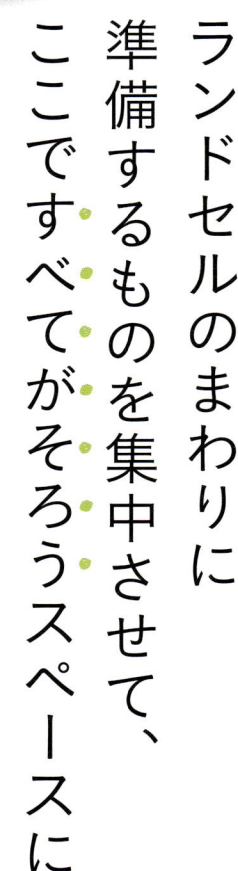

みんなの
勉強スペース **6**

ランドセルは棚の下段に置くだけにして使いやすく

RULE **1**

ともかく置くだけなのでかんたん！

ダイニング横に壁付けの低い棚（無印良品）を設置。子どもたちはリビングで中身を出してから、棚に。高さもちょうどよく、置くだけなので子どもたちも使いやすそう。

ハンカチやマスクなどを１人１つのカゴに収納。

RULE **2**

ローテーブルを机にしています

ダイニング奥にローテーブルを置いて机に。学習机は持っていないので、宿題はこのテーブルでやっています。

RULE **3**

遊ぶ道具は遊ぶ場所の近くに

ぬり絵など卓上で遊ぶものはこのテーブルの上に。

矢原さん

家族構成…夫、子ども２人（長女・小１、次女・年中）
職業…OURHOMEスタッフ

COLUMN

1

自分が使いやすい収納

子どもたちが翌日の学校準備をしているとき、たまたまランドセルの中に入れているものが目に入りました。「え？　ここって教科書入れるところ？」という場所に、教科書を突っ込んでいます。

　いわゆる、ランドセルの前ポケットのところ。

「教科書っていちばん大きいところに入れるものと思ってた！　どうしてここなん？」と聞くと、子どもたちが、「だって、きゅうしょく当番とか体操服入れとか、手でもっていくのたいへんやんか～。おともだちがこうやって入れているの見て、まねしてん！」と、大きいところに水筒まで入れて、全部ランドセルに入ってる！

　なるほど！　たしかに、前ポケットに教科書を入れて、大きいところにかさばるものを入れたら、手持ちの持ち物がすくなくなって、楽かも！

　【普通は】【本来は】違う入れ方なのかもしれない。

　だけど、自分が使いやすい収納ならそれが一番いい！　と、教えてもらったような出来事でした。

CHAPTER

3

長期休みのすごしかた

夏休み、冬休み、春休み。
子どもたちはとっても楽しみ！
一方でルーズになりがち……。
一緒にルールを作って
楽しく過ごしたいですね。

July
August
S M T W T F S
1 2 3 4
5 6 7 8 9 10 11
12 13 14 15 16 17 18
19 20 21 22 23 24 25
26 27 28 29 30 31
S M T W T F S
1 2 3 4 5 6 7
しゅうじ
コンテスト
はっぴょう
8 9 10 11 12 13 14
しゅうじ
がっしゅく
15 16 17 18 19 20 21
がっしゅく
夏休み
旅行
22 23 24 25 26 27 28
しゅうじ
29 30 31
Hanalei

終業式の日は、親子で長期休みの見通しをたてよう！

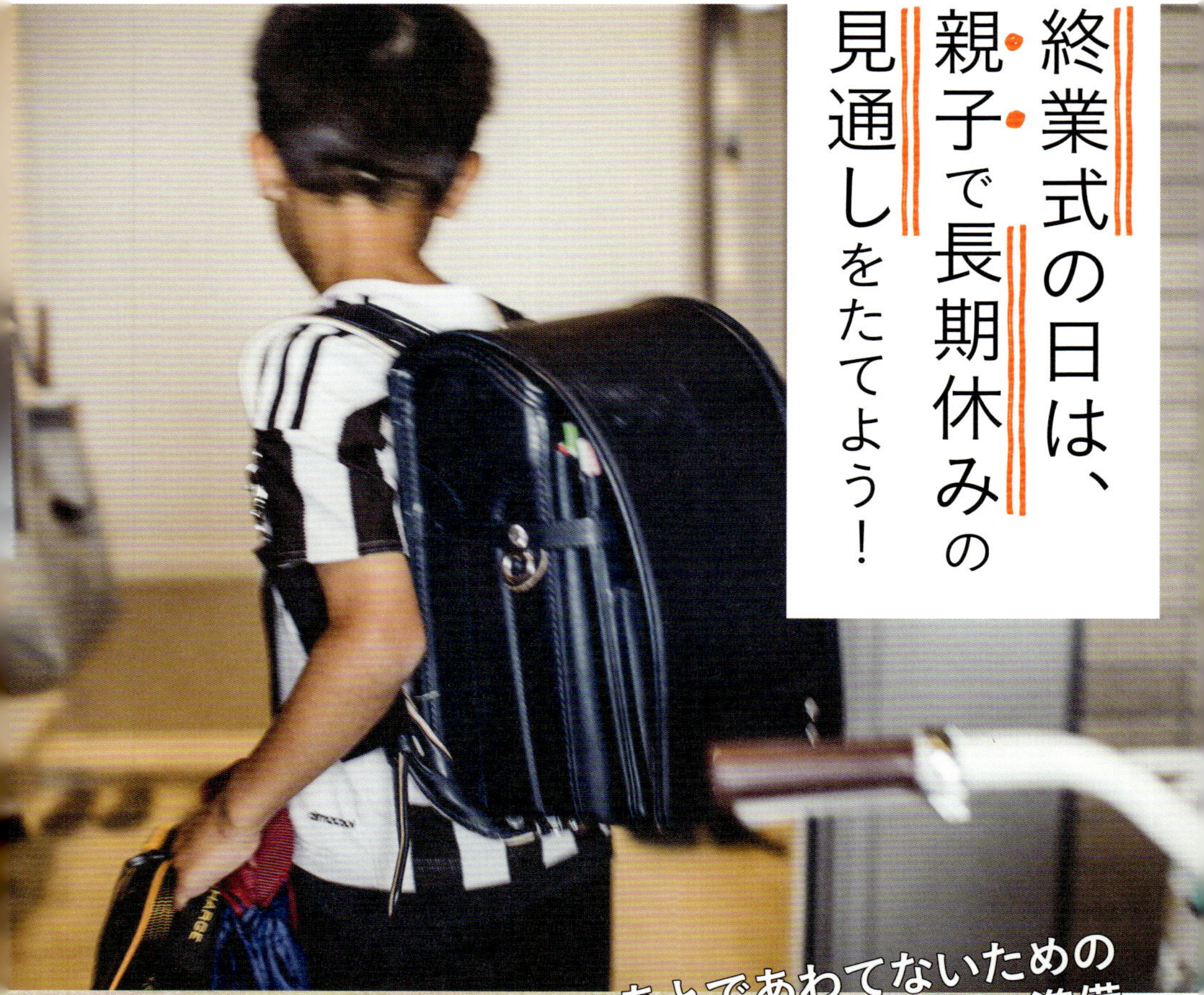

あとであわてないための先取り準備

長期休みは、はじめが肝心だと感じています。小学校生活3年の経験上、夏休みに入ってふと気づくとあっというまに8月末！　なんてことに。親子ともに楽しい休みを送れるよう私が心がけているのが、終業式の日に親子で見通しをたてること。私も終業式の日はできるだけ**仕事を早めに切り上げて帰宅**するようにしています。

宿題をいつやるかスケジュールをたてたり、学校からの持ち帰りアイテムをきれいにふく、新学期用に買い足すものをチェックする、などもこの日にやってしまうと、**休みの間ずっと気にしていなくていいので本当に楽！**

来年からはもっと子どもたちに任せようと思っていて、いつこれをやるのかは子どもたち次第。基本がわかっていれば、きっと自分なりにスケジュールをたてるのではないかな？

お休みだー！

書き出してみよう！

CHECK!

宿題たくさんでたよ！

- ☑ 通知表のチェック
  →お父さんが帰宅したら自分で見せにいく！
- ☑ 長期休みの遊びの予定をチェック（旅行や帰省など）
- ☑ 宿題のスケジュールをざっくりたてる
  ・ドリル系は早めに終える
  ・大きな工作や作文系は○日までにやるなど
- ☑ 道具箱をきれいにふく
- ☑ ランドセルの中身を出してきれいにふく
- ☑ 名前が消えかかっているものを書き直す
- ☑ 新学期に必要なものをチェック
- ☑ たりない文房具をお母さんに伝える

午後より朝にやりたいなあ

中身を全部出してふこう！

学校用具入れもそうじしよう！スッキリするよ

いつごろ勉強したい？

POINT!

ぜんぶ親が決めずに、子どもにたずねてみるといいですよ子どもたちの！

夏休みの1日スケジュール

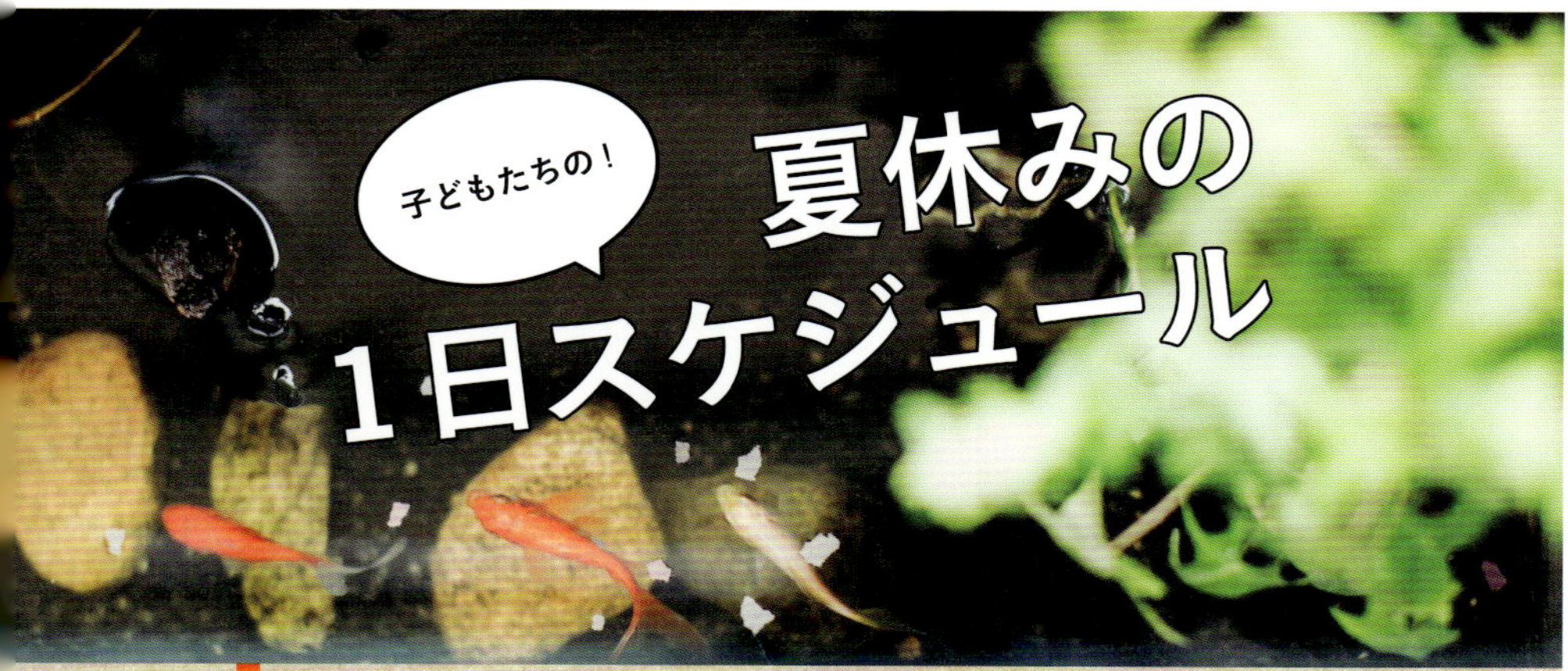

6:00 いつもどおり起床、身支度

7:00 朝の自宅での勉強タイムに夏休みの宿題

約1時間ほど、自由研究や工作など大きな宿題もこの時間に。波に乗ってきた！ と思ったら出発の時間がやってきますが、学童に行っていると仕方のないことなのかも……。

8:00 学童へ出発！

9:00 1時間ほど朝の勉強タイム

学童では先生がつきっきりで見てくださるわけにはいかないので、自分で解ける簡単なドリルを持参。

10:00 外遊びorプール遊び

12:00 お弁当タイム

13:00 お昼寝！

小学3年生でもお昼寝があります。でも暑い夏で疲れているのか、すぐにぐっすり眠るそう～

15:30 帰宅

子どもにもよりますが、わが家はまる一日学童がちょっと疲れるようで、早めに帰宅し、家でのんびりしたり、公園で遊んだりしています。

18:00 夕飯

19:00 遊びやテレビ

21:00 就寝

わが家の場合

夏休みの時間ルールを親子で決めよう

朝はいつもどおり起きる！ 1

夏休みとはいえ学童に行っているので仕方のない面もありますが、出発時間がおそくても、起床時間はいつもどおりにしておくと、朝の余裕が断然違います！

2 勉強タイムを決める

やっぱりすこしでも涼しい朝の時間が一番ベストかも？ わが家は学童に行く前の1時間弱をその時間にあてています。夕方は全くやりませんが、それでOK！

3 お盆明けからだんだんと元に戻していく

右のようなざっくりとしたスケジュールはあるものの、帰省や旅行などのときは眠る時間が遅くなるのも当然。そこからだいたいズルズル〜っとスケジュールが崩れていくのですが、お盆明けくらいから立て直していけるように、まずは私たち親から気をつけています（ついつい、夏休みだしな〜と朝ゆっくり起きてしまう日もありますが……）。

メリハリをつけてお楽しみを決めよう 4

うちの双子は学童に通っているということもあり、毎日同じスケジュールだとつまらなく感じてしまうこともあるよう。なので、メリハリをつけて、子どもたちだけで祖父母の家に遊びにいく予定や、親の半日休みなどをいれて対応しています。

長期休み中のランドセルの保管場所

いちばん使うものを、いちばん使いやすい場所へ

普段は子どもの机まわりに置いているランドセルも、長期休み中は使わないのでファミリークローゼットへ。そのかわりに、いつものランドセル置き場には、学童にもっていくリュックや、夏の水泳バッグ、お昼寝布団などが置かれます。

「そのときいちばん使うものを、いちばん使いやすい場所へ！」が基本ですね。

POINT!

置き場所は親だけで決めずに、家族で共有しよう！

宿題チェックリストをつくろう

自分のスケジュールは自分で立てる

小学1年生の時は「長期休み」の感覚がわかりにくいかな？ と私のほうでざっくりエクセルでスケジュール表をつくりました。**約40日あっていまはこの辺だよ、というのが視覚的にわかるように！** 3年になった今では、こういった表をつくらなくても、学校からもらう予定表や宿題のリストを自分なりにチェックすることで対応できています。

3年生になった今年の夏休み。宿題のボリュームが昨年より増えたので、子どもたちは自分なりに予定をたて、土日にもドリルや工作をやるスケジュールをたてました。私は内心、土日はサッカーも遊びもあるし、無理じゃないの〜？ と思いながら黙っていました。すると、案の定、土日には何も手がつけられず……！

夏休み後半は、平日に挽回できるスケジュールを立て直していました。**何事もやってみてわかること、**ですね。来年はきっとはじめから平日のみでスケジューリングするのではないでしょうか。

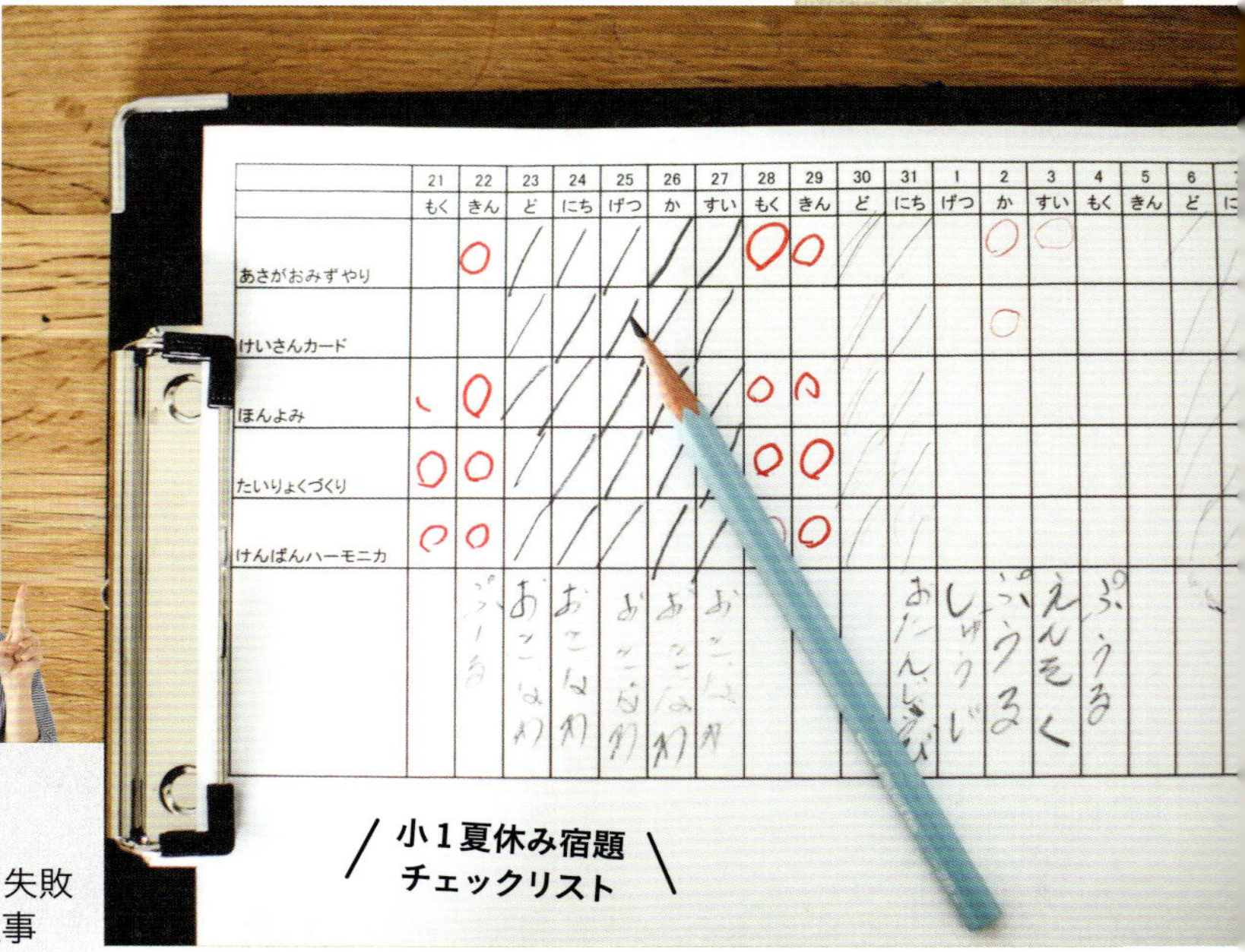

小1夏休み宿題チェックリスト

POINT!

ときにはあえて失敗させることも大事

つくってよかった！夏休みボックス

期間限定の一元化収納

はじめての夏休みのときに、**つくってよかった！**と思ったのが、この「夏休みボックス」。折りたためるクラフト素材のファイルボックスを使って、長期休みだけ登場する箱です。ここに夏休みの宿題や提出するものなど学校関連のものをほうりこみます。

双子それぞれにつくっておいて、箱ごと移動もできるし、使わない時期はたたんで収納、**ここさえ探せばある！**というのは親子共々わかりやすくおすすめです（とはいえ私が勝手に触ることはありませんが。笑）

ボックスごと子どもがひとりで移動できます

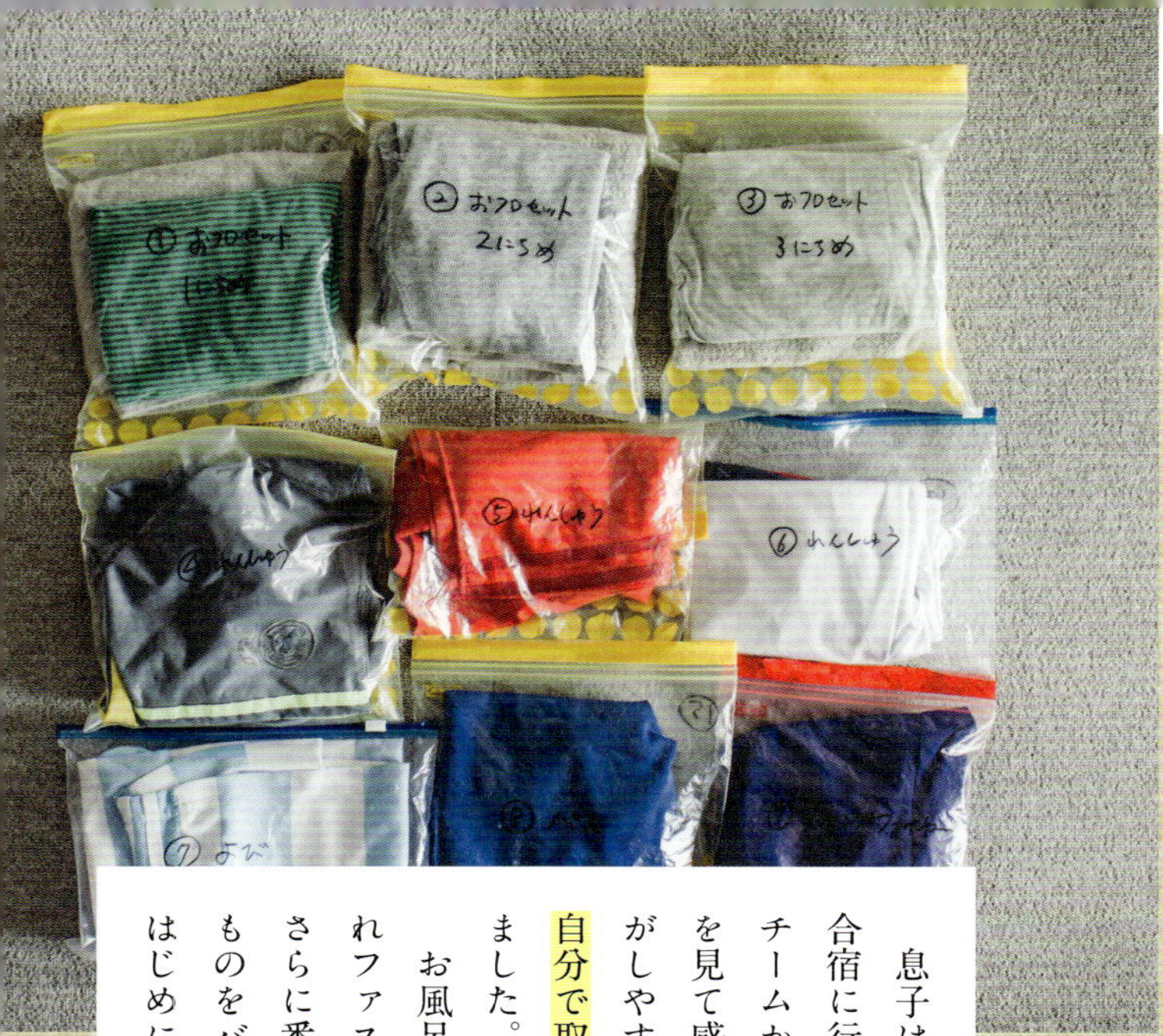

子どもが自分でできる！キャンプや合宿の荷物準備

息子は毎年夏に2泊3日のサッカー合宿に行きます。1年生のとき、そのチームから渡された準備するものの紙を見て感動！　子どもにとっても準備がしやすく、さらに親と離れていても自分で取り出しやすい工夫がされていました。

お風呂セットや練習セットをそれぞれファスナー付きの透明袋につめる。さらに番号をふって、あまり使わないものをバッグの底からつめていって、はじめに取り出すものが一番上に収納されるように！　この基本のルールを小さな頃に親と一緒に体験して覚えておけば、これから先、部活や学校の合宿などでも、とても役立ちそうです。

合宿に同行したママから聞いた話ですが、荷物の中身を親が全部用意してしまうと、合宿中に、これ誰の～？と聞かれても自分の物がわからなかったりと、とっても困るそうです。

使った ファスナー付き袋は…

もったいないので洗って乾かし、そのままサッカーの引き出しに入れておきます。そうすると翌年もそのまま使えてとっても便利でした！

MINI COLUMN

旅の荷物も自分で！

子どもたちだけで行く合宿だけではなく、実家に帰ったりキャンプに行くときの荷物の準備も子どもたちがします。

先日、友達家族と急遽《きゅうきょ》1泊のキャンプにでかけることになりました。子どもたちはそれぞれに準備をしてリュックに詰めていったのですが、「虫さされがあるかもしれないから長袖いるかもね～」と私が言うと、長袖だけが頭にのこってしまい、半袖の着替えを持っていくのをすっかり忘れていた！とのこと。仕方がないので、キャンプ場で洗って干して乾かして、と一生懸命がんばっていました！

でも、なくてもなんとかなる！ その場の臨機応変さを身につけてくれたかな？ 口を出すのは簡単だし、失敗させない道より、**失敗してどう工夫するか**を知ってもらえたほうがとてもうれしい！ と感じた出来事でした。

子どもの
防犯アドバイザーに教わる
安全についての考え方 3つのきほん

防犯・安全も子どもと一緒に考えよう　きほん 1

「〇〇しちゃダメよ！」「●●するんだよ」と、ついつい親が先回りしてルールを決めてしまいがちですが、まずは子どもに考えてもらうのが大切。「知らない人に声をかけられたらどうする？」など、クイズ形式で子どもに考えてもらうのもおすすめ。もし見当違いな答えが返ってきても否定はせず、あくまでも一緒に答えを見つける気持ちで。

安心できるポジティブな言葉で伝えよう　きほん 2

防犯や安全のことは、子どもに怖がらせずに伝えたいもの。「明るくて広い道を通ると安全だよ」「玄関の鍵をちゃんと閉めておくと大丈夫だからね」と、話の終わりをポジティブな言葉でしめくくると安心感がわきます。お風呂や、ごはんのときなど、リラックスして話せるタイミングで伝えるのもよいですね。

ルールはわかりやすくシンプルに　きほん 3

せっかく決めたルールも複雑すぎると、子どもが理解したり覚えるのも大変ですよね。まずは、簡潔なルール3つくらいからスタートするのがおすすめ。また、お約束ごとを書いたメモを冷蔵庫など、よく目にするところに貼っておくと普段から意識しやすくなります。子どもの年齢や成長に合わせて、ルールの追加や見直しができるといいですね。

子どもの防犯アドバイザー
佐藤まりこ
（OURHOMEスタッフ、6歳・1歳の姉妹のママ）

親子で『安全マップ』を作ってみよう

夏休みの
自由研究にも
おすすめ！

子どもに防犯や安全の意識を持ってもらいたいけど、
なかなか難しいですよね……。そんなときは、
子どもと一緒に「安全マップ」をつくってみませんか？

危険な場所って？

・人通りが少ない道
・駐車場や駐輪場
・らくがきが放置されている場所
・工事現場など

安全な場所って？

・大人の人がいるお店や病院
・交番や学校などの公共の場所
・親しい友人の家
・子ども110番の家など

用意するもの

・通学路の地図（ネットで地図を検索して印刷したり、手書きでもOK）
・カラーのラベルシール２色
・ペン
・クリップボード
（地図を持ち歩くのに便利です）

作り方

①地図に通学路を書きこんで、どの道を歩くのか事前にチェック

②地図、ペン、ラベルシールを持って親子で通学路を一緒に歩く

③安全な場所と危険な場所を見つけたら、それぞれにシールを貼る

④どうして安全なのかな？なぜ危ないのかな？と子どもに聞いてみる

⑤登下校時に、困ったときや、歩くときのお約束ごとなど、家族でルールを決める

POINT

「この道は人も多いから安心だね」「信号がないからこの場所は危ないね」と、子どもが自分で考えたことは記憶にも残りやすく自信にもつながります。

MINI COLUMN BY SATO

長女が2歳のころから、お花屋さんやタコ焼き屋さんなど近所のお店に一緒に買い物にいくようにしてきました。

はじめは近所の人とのつながりを持てたら、という思いでいたのですが、何かあった時に子どもが駆け込める場所があったら、私も子どもも安心できるのではと思うようになりました。

「このお店のおばちゃん知ってる！」「こないだお花を買ったお店だ！」といった日常の小さな経験の積み重ねが、自分の住む場所への安心感につながってくれたらうれしいなと思うのです。

「ご近所さんとのつながり」。これも親が子どもに伝えてあげられる防犯のひとつ。もちろん防災にもきっと役立つはず。特別なことではなく、今日からでもすぐにできることを、これからも子どもと一緒にやっていきたいです。

子どもの安全のために

入学前にわたしEmiがやってみたこと

通学路を子どもと一緒に歩く

実際にランドセルを背負って歩いてみると、「おもたいよ〜。つかれたよ〜」と、予想以上に時間が。また、朝の登校時は昼間に比べて交通量が多いことも驚きました！ 登下校の時間に合わせて練習できるとよいですね。

住所、電話番号などを言えるように練習

子どもたちがよく目にするリビングの壁に住所などを書いた紙を貼って覚える練習を。何かあった際に、大人の人に迅速に対応してもらえるためにも住所などを正確に伝えられると◎。

持ち物の名前は目立ちにくいところに書く

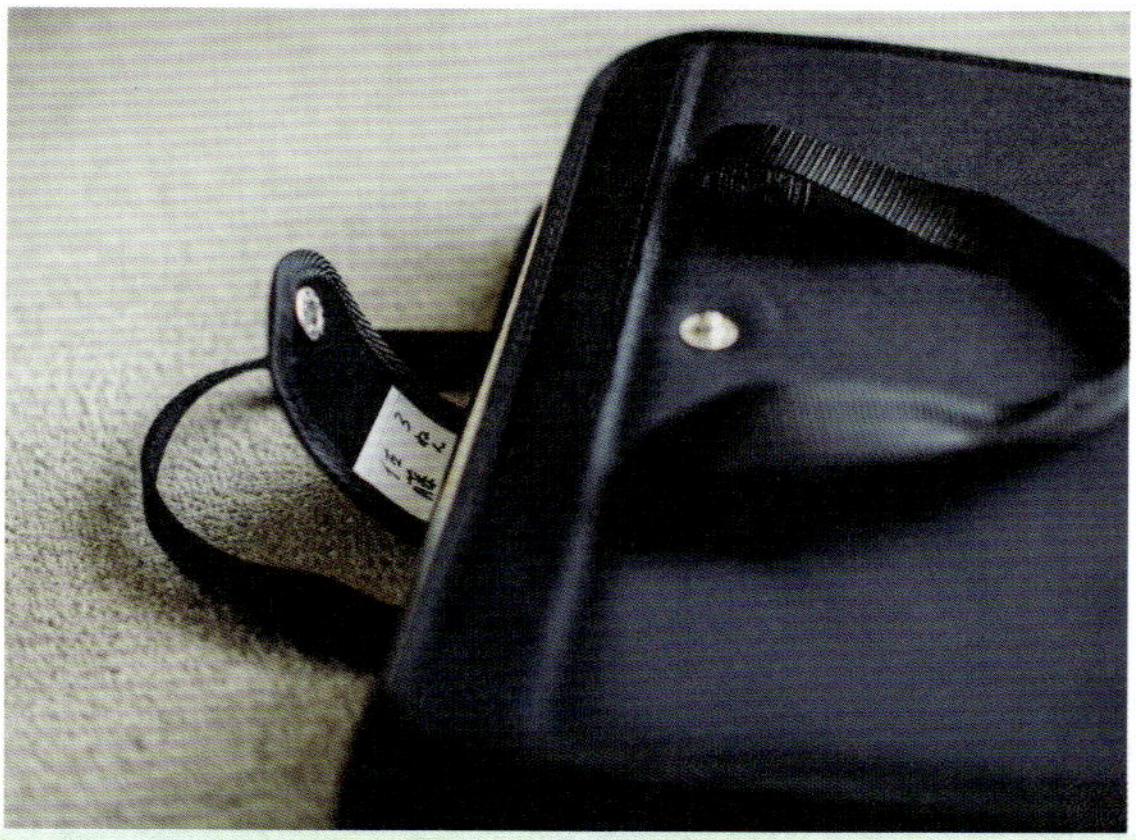

習字道具のカバンはベルト内側に、水筒なら底面に記名。持ち主がわかることも大事ですが、なるべく外側から目立ちにくいところに書くことも防犯を意識したポイント。

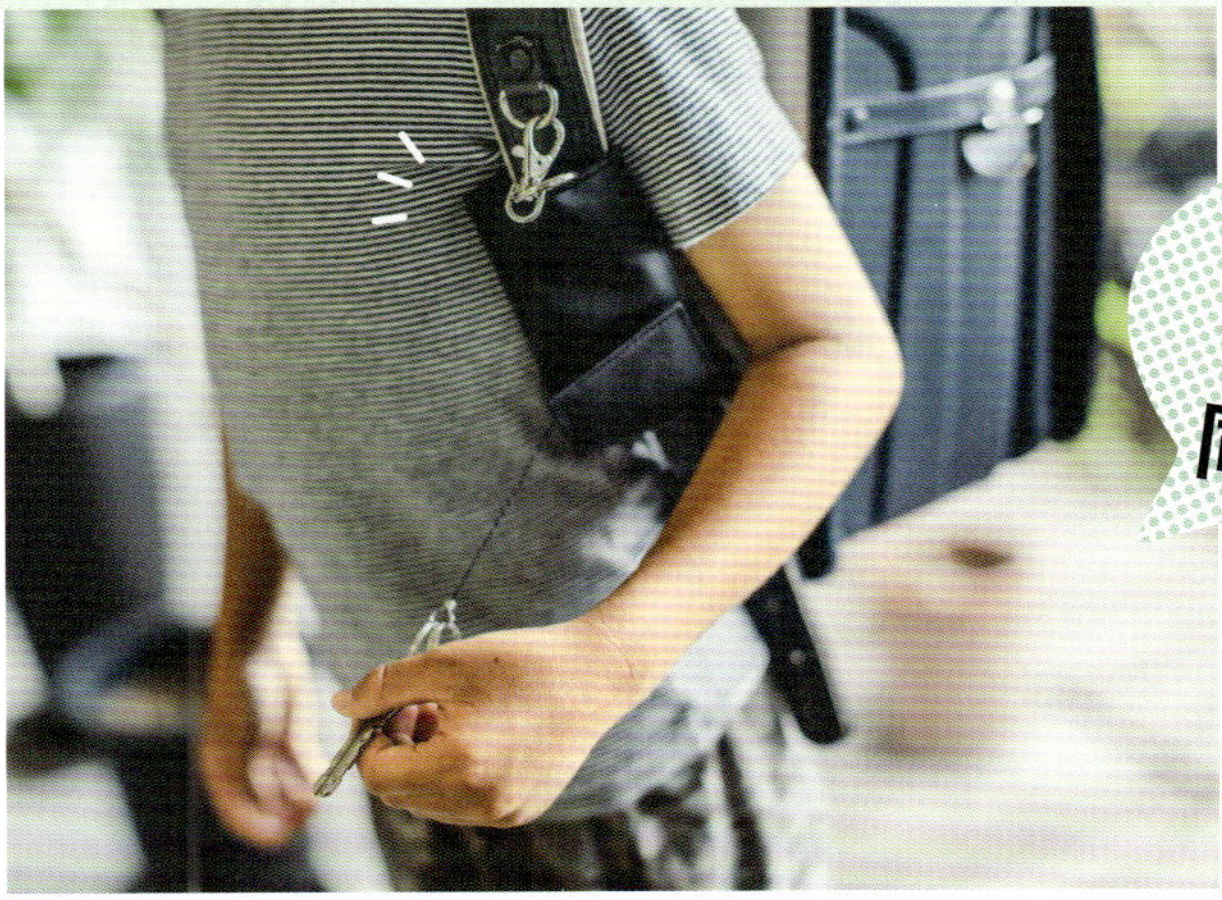

キーケースはランドセルと同色を選ぶ

玄関前でさっと鍵が取り出せるようにキーケースを購入。やっぱりこれも「目立ちにくい」という視点で、ランドセルと同色タイプを選びました。

防犯ネットに登録して情報共有

不審者情報などの通知メールが届いたら、夫やママ友とも情報共有するように。みんなで気をつける意識も大切だと感じています。防犯ネットは「住まいの県名／防犯／メール」で検索。

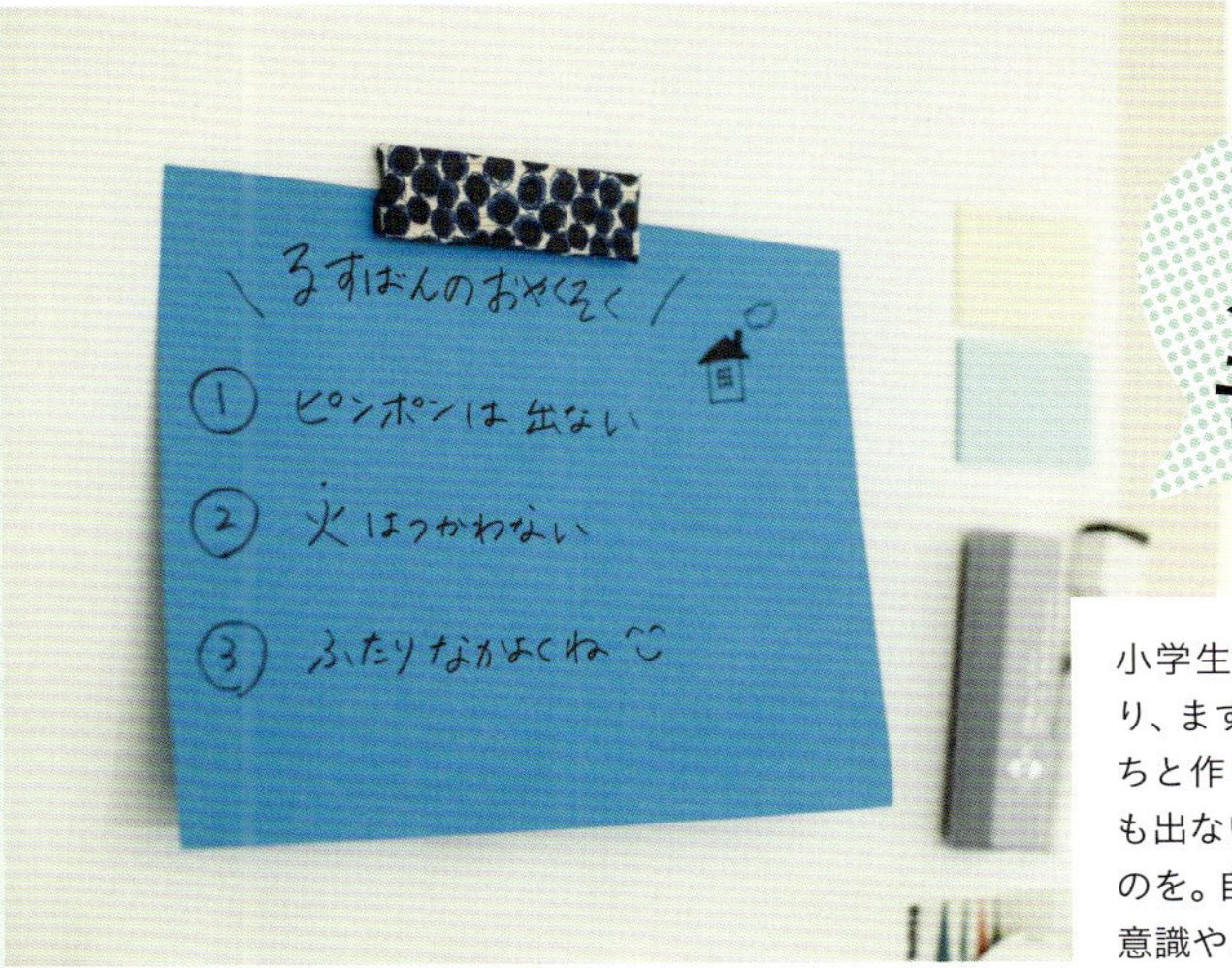

留守番時のルールを子どもと決める

小学生になると留守番をさせることもあり、まずは3つ簡単な約束ごとを子どもたちと作りました。インターフォンが鳴っても出ない。などシンプルでわかりやすいものを。自分で考えることで守ろう！ という意識や自信が芽生えたように思います。

COLUMN

2

子どもは何歳までかわいい？

子どもたちが赤ちゃんのころは、小学生になったらきっと「かわいい」という時期は過ぎていくのだろうなあとぼんやりそんな風に思っていました。

現在9歳のふたり。毎年どんどん「かわいい」が更新されていくのです。

・今日あったことを一生懸命話している姿
・クラス替えではじめて仲良くなったお友達と遊ぶ約束をしてきたときのうれしそうな表情
・私に3択クイズを出してくれるけれど、話し方で答えがすぐにわかっちゃうとき

あれれ？

8歳になっても9歳になってもまだまだかわいい！

そんなとき、仕事で出会った大学生の双子を持つパパが、「20歳になってもまだまだずっと可愛いですよ～！」と！

なんだ、やっぱりそうなんだ。

子どもって何をしても、いくつになってもかわいい、というのは本当なのかもしれません。

今そう思っている気持ちを大事にしていきたいなあと思っています。

CHAPTER

4

着る

自分の着るものは
自分で選ぶ。
自分の「好き！」を
見つける第一歩です。

ズボン
スカート

はん
ズボン
ながズボン

洋服えらびの

わが家の決まりごと

1 子どもと一緒に服を買いに行く

平日学校に着て行く服、週末着る服をふくめて子どもと一緒に買いに行きます。自分で着るものだから自分で決めるのが一番大事！ 娘は最近私とインターネットを見て一緒に選んでいます。

2 衣替えも自分のタイミングで

暑くなったり寒くなったり、自分のタイミングで選べるように、衣替えのアイテムがどこにあるのかを伝え、子どもがとれる低い位置に収納しています。

3 好きな服を着ていくのは大事だけれどTPOは考える

音楽会の日にもユニフォームを着ていく！ と言った息子。「じゃあサッカーの試合に、ジャケットや蝶ネクタイの子が出場してもOKするの？」と聞くと「それはダメ！」と息子。それとおんなじことだよ〜と言うと納得して、きちんとしたシャツを着て音楽会に行きました。1年間で普通の服を着るのは音楽会の日だけ！（笑）。

服を選ぶたのしみを

玄関すぐ横の5畳の部屋を丸ごとファミリークローゼットに（↓P．12）。ここに家族全員の服を収納してあります。乾燥機にかけたくない服はハンガーで干して、ハンガーのままここに収納。もともとは子ども服は週末服だけを収納していましたが、おしゃれにすこし興味がでてきた娘は毎朝ここに来て服を選ぶことが多くなってきました！

いずれ個室が必要になったらここは娘の部屋になります（双子で相談済みだそう。笑）。いつでも移動できるようスチールラック収納を選んでおいてよかった！　と思っています。

暑さ寒さチェックはベランダで

「おかあさん、今日あつい～？」と聞かれたら「お母さんもわからないわ～、ベランダ出てみたら？」と言い続けていたら、子どもが自分で暑いか寒いかチェックしはじめました。ニュースの予報も見るけれど、肌で感じるのが一番！ 服選びに反映させているようです。

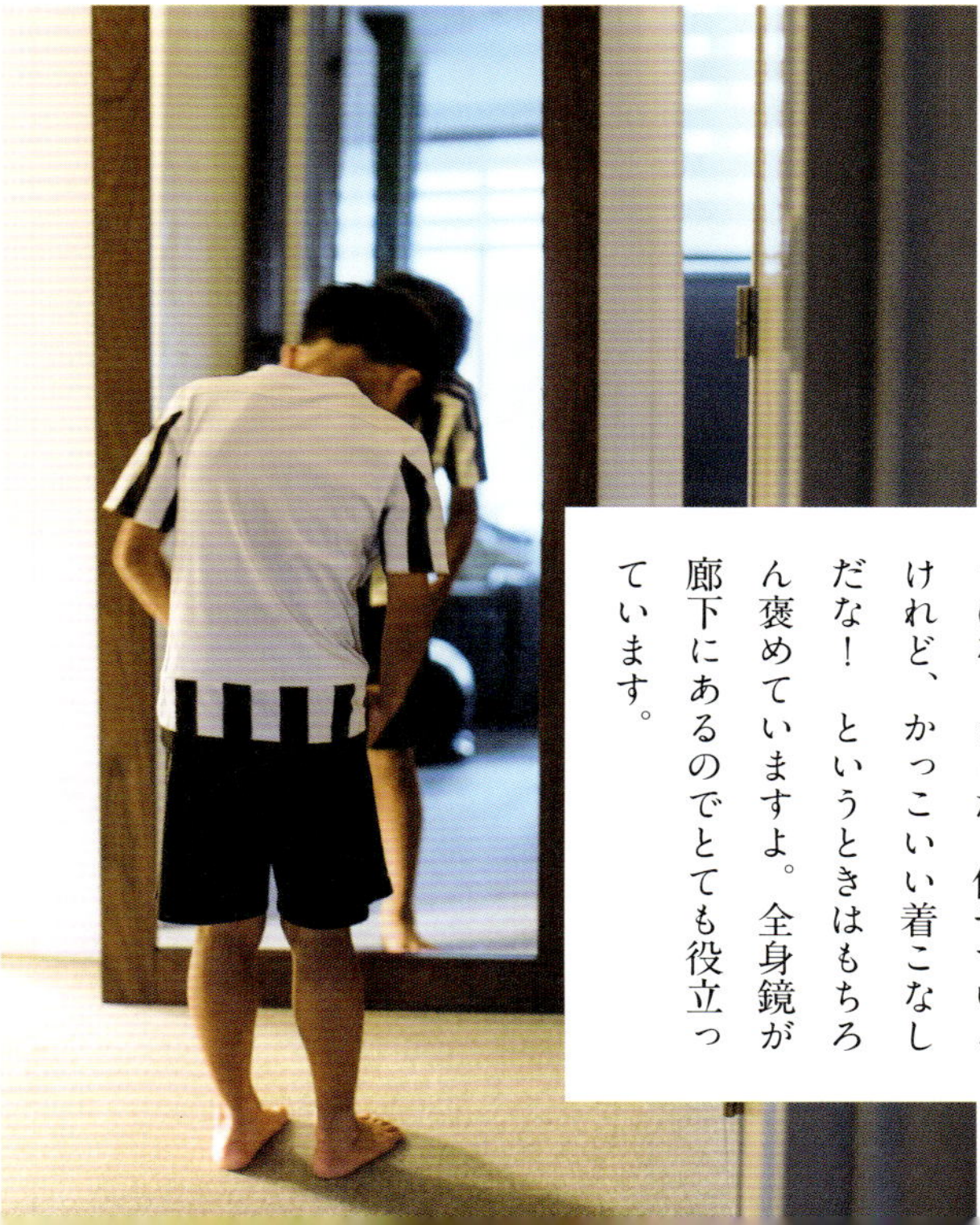

全身鏡で身だしなみチェック

「今日の服変じゃない？ 上の服、ズボンにいれたほうがいい～？」と聞かれたら、「どうやろ～？ 鏡で見てみたら？」と声をかけ続けていたら、自分でチェックするようになりました。任せているけれど、かっこいい着こなしだな！ というときはもちろん褒めていますよ。全身鏡が廊下にあるのでとても役立っています。

習字と図工の日は黒と決めています

水色のお気に入りのカーディガンを着て行き、習字の墨汁がついたことがあった娘。落ち込んだことを経験してから、習字や図工の日は、黒い服を着ていく！　と決めているようです。これも、失敗を経験したからこそ、ですね。

ヘアスタイルも自分で

髪のハネが気になり始めたようで、ハネの直し方や結び方を教えてあげました。今は動画で小学生が髪のヘアアレンジを教えてくれるので子どもが学ぶこともできます（すごい時代！）。

くしは洗面所の引き出しにドライヤーと一緒に。

身支度ロッカー

大人の下着、靴下などを1ジャンル1ボックスで収納。ラベリングして

平日の子ども服・トップス

子どもの服
洗濯したあとここにほうりこみ。赤は娘、緑は息子。子ども自身がたたみますが、いつたたむかは子どもにまかせています

平日の子ども服・ボトムス。それぞれかごを分けて

子どもの下着、靴下などを1ジャンル1ボックスで収納

乾燥機NGの洗濯物（夫や私の服、子どもの週末服）

乾燥機OKの洗濯物（子どもの平日服、パジャマ、下着、タオル、靴下、手拭きなど）それぞれ各自が仕分けして入れます

パジャマ（引き出しを抜いてほうりこむだけにしたら、置きっぱなしがなくなりました）

8年間ここが定位置の「身支度ロッカー」

洗面所の一角、ちょうど洗濯機の前にあるわが家の通称「身支度ロッカー」（→P.12）。子どもたちは物心ついたときからここがずっと定位置。

朝、私が乾いた洗濯ものを赤と緑のカゴにぽいっといれておけば、子どもたちが自分のタイミングでたたんで収納します。それぞれカゴに入れるもののこだわりがあるようで、息子は「サッカーの習いごとのカゴ」「学校に着ていくサッカー服」と、もはや私には見た目がほとんど一緒に見えるのですが彼なりのルールだそう！

子どもたちが個室をもつようになったら、大きくかさばる服などは自分の部屋に収納、になりそうなので、ここは下着とパジャマだけになりそうです（うれしいような、さみしいような……）。

みんなの
着るスペース 1

服の量を調整することで子どもが自分で管理しやすく

RULE 1

服の量は上下4、5着にしています

服の量が多くならないように調整しています。上と下それぞれ4、5着ずつくらい。自分の服がどこにあるか明確に、人、種類が混ざらないように置いています。

RULE 2

ハンガー収納で服を選びやすく

最近ハンガー収納に変えたのですが、すべての服が見渡せるので娘たちはコーディネートを楽しんでいるようです。

RULE 3

下着、パジャマも人ごとにボックスに入れて

しわの気にならないパジャマと下着は、人ごとにボックス収納。乾燥機からそのまま入れるだけなので収納も楽。

aikoさん
長女・小3、次女・小1、
長男・年中、次男・7ヵ月

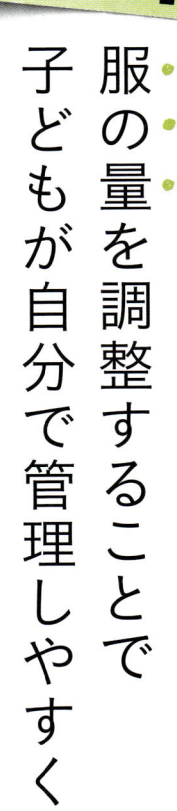

みんなの
着るスペース 2

身支度収納スペースをつくり 服からティッシュまでそろうように

RULE 1

1ジャンル1ボックス収納で、子どもが自分で身支度

夏は、上の引き出しから半袖Tシャツ、下の引き出しから半ズボンを子どもたちが取り出します。それ以外の季節は、後ろのスチールラックにシャツやパーカーが掛かっているので、それを羽織って温度調節するスタイル。

身支度収納スペース。左側に引き出し、右側にスチールラックを設置してハンガー収納。

RULE 2

ティッシュやハンカチも1ジャンル1ボックス

靴下、ハンカチ、ティッシュなど、洋服だけでなく身だしなみに必要なものをすべて1ジャンル1ボックスで。ここで身支度のすべてが完了します。

Mayuさん
長男・小3、次男・小1

みんなの
着るスペース 3

子どもが取り出しやすく戻しやすいことを最優先に

RULE 1

ズボンは引っ掛けるだけ

制服なので、ズボンを自分でかけないとぐちゃぐちゃに。以前は脱ぎっぱなしでしたが、フックに引っ掛けるだけにしたら、自分で戻すようになりました。

BEFORE
以前は脱ぎっぱなし！

RULE 2

兄弟の区別をわかりやすく

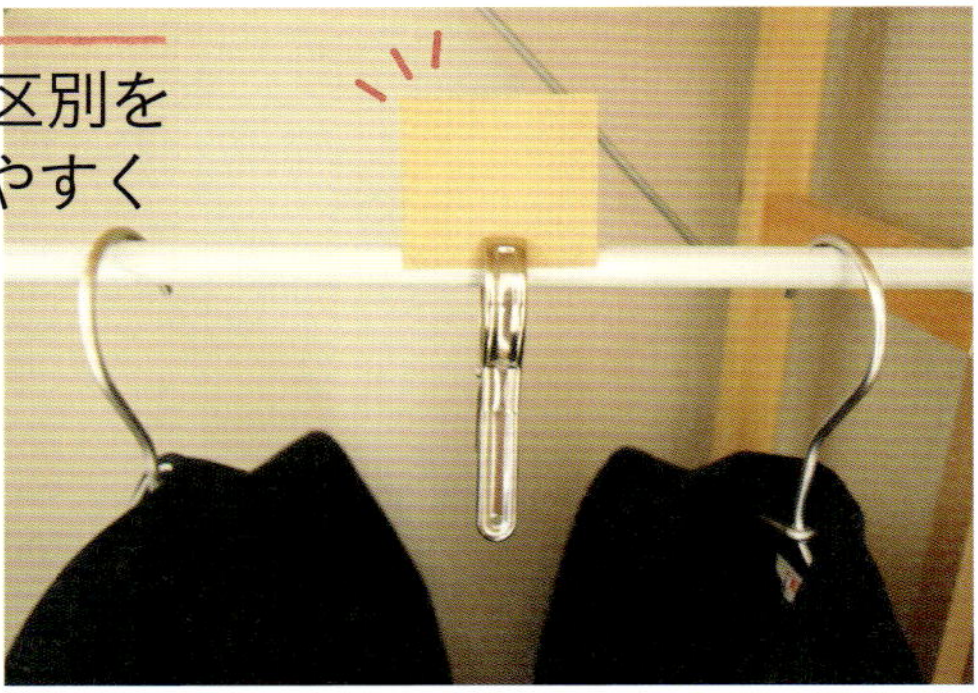

二人とも制服なので、ごちゃごちゃになりがち。真ん中に兄弟の名前を書いた紙をクリップで挟んでスペース分けしています（本来はここに名前が書いてあります）。

RULE 3

アイテム別に分けて取り出しやすく

肌着は必要な枚数のみ用意しているので悩む必要がないようにしています。収納はアイテム別にざっくりと分けて、取り出しやすく戻しやすくを心がけています。

吉田さん
長男・小5、次男・年長

みんなの
着るスペース 4

その時期に着るものだけをゆったり収納

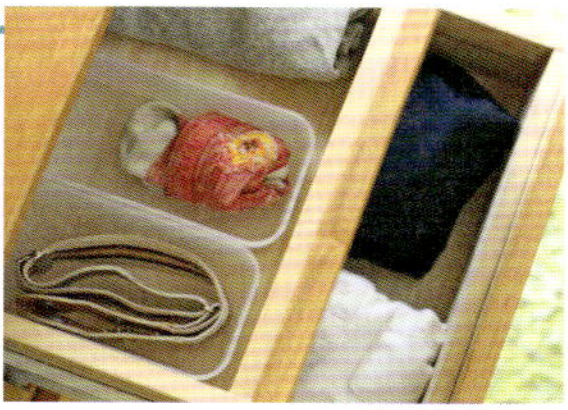

RULE 1

子どもの服は数を厳選

リビングに子ども用の引き出しを作り、制服・私服ともにその時期に着るものだけに数を絞ってゆったり収納しています。ひとめでわかりやすく、また多少乱雑にしまってもOK。

RULE 2

身支度引き出しを設置

学校へ持っていくハンカチとティッシュ、コップ袋はリビングの学用品コーナーの引き出しに収納しています。ランドセルの近くにあるので準備しやすいようです。

RULE 3

動線を意識する

以前は洗わなければならない水筒やコップを帰宅後なかなか出してくれず、制服も脱ぎ散らかしていました。そこで子どもたちと相談して、ランドセルの横にカゴを設置。使った水筒やコップ、脱いだ制服をポイポイ入れるだけ、にしました。

はやしさん

長男・小4、次男・小1

みんなの
着るスペース 5

身支度ロッカーをつくって洋服を一元管理しています

RULE 1

休日服はハンガー 日常服は引き出しに

3階建てのわが家は、1階の寝室に身支度ロッカーを設置しました。ハンガーには休日服やワンピース、アウターなどを。下の引き出しにはトップス、ボトムス、下着、靴下、タオルまで収納。

持ちものをメモして貼り出して。

RULE 2

小さいものは小さい引き出しに

靴下や下着、タオルなど小さいものは大きな引き出しでなく小さな引き出しにポイポイ収納すると便利です。姉妹をマスキングテープで色分けしてわかりやすく。

RULE 3

リュックや習いごとのバッグは身支度ロッカーの側に吊るして

近いので毎朝の準備もスムーズ。

山崎さん

家族構成…夫、子ども二人（長女・年長、次女・1歳）

職業…OURHOMEスタッフ

みんなの
着るスペース 6

子どもの使いやすいを意識した収納で身支度の習慣づくり

RULE 1

浴室前に平日服と肌着類を一括収納

浴室前に身支度ができるように靴下、下着入れ、平日服の引き出しを設置。色分けして姉妹がわかりやすく。また赤いかごに洗濯物を入れて、子どもたちがたたんで引き出しに戻します。

RULE 2

子どもが使いやすい高さに

和室の一角に置いたハンガーラックに羽織りものや休日服を収納。玄関からも近く、子どもの手が届く高さで使いやすいです。

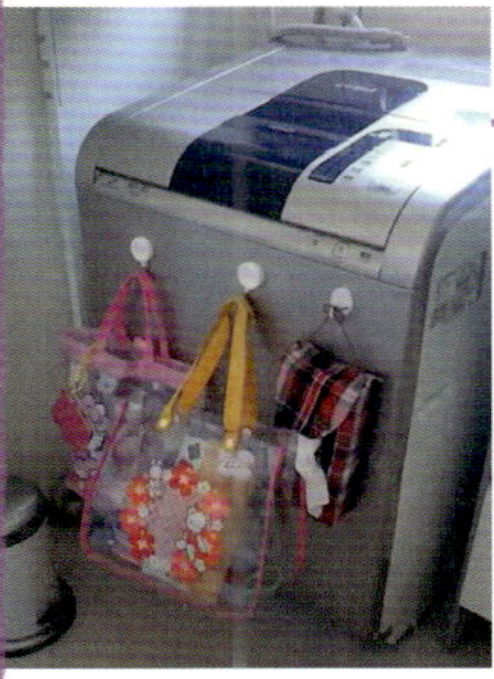

RULE 3

習いごとグッズは身支度するところに

スイミングのプールバッグは洗濯機に吊り下げています。ここを定位置と決め、帰ってきたら洗いものをすぐ洗濯機の中へポイ！ 乾いたらバッグに入れてここでスタンバイ。同じ発想で、ピアノのレッスンバッグの定位置はピアノの椅子の横。

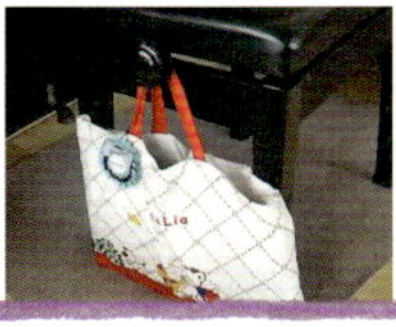

矢原さん
長女・小1、次女・年中

COLUMN

3

【好き】が行動を変える

息子は学校から帰宅したらすぐに、水筒をシンクへ運んで置いてくれる派。

かわって娘はというと、翌日の朝まで出さないということもしばしばでした（私もお弁当箱出し忘れることもあるし……汗）。

あるとき、娘が「今の水筒は大きいから、もっと小さな水筒と、それにあわせた可愛い水筒ポーチが欲しい！」と言いました。たしかにもうすこし持ちやすいサイズでもいいかな？　と思っていたところ。

娘と一緒に水筒と水筒ポーチを買いに行くことになりました。

明るい紫色の水筒と、かわいいパンダ柄の水筒入れ。娘はお気に入りを手にして大喜びです。

すると翌日から……。

帰ってきたらシンクに水筒を持って行き、中身を水洗いして立てかけておいてありました！

それも、その日から毎日欠かさず。

大好きな水筒。

きっと【好き】が娘を動かしたのだなあと感じた出来事でした。

CHAPTER

5

遊ぶ

小学生になって
遊びもおもちゃも
変化しました。
わが家で考える
「遊びは投資」って？

レゴ
ラキュー
いやいやえん
Winter in White

パパ、お月さまとって
Casa
Discover Japan
HANDMADE
ZAKKA & TOYS
BRUTUS
NEW
COLLEGE
カード
ボード
ゲーム
恐竜時代
MAGAZINE

「遊び」の

わが家の決まりごと

1 あそびも習いごとも、未来への投資

おもちゃひとつをとっても子どもの「やりたい！」があれば、きっと将来へつながる何かがあるはず。それはゲームでもなんでも！

2 親が先回りして与えない

子ども自身が興味を持てないと、結局はやる気にもつながらないと思います。親が与えるより「待つ」姿勢を大事にしています。

3 一緒に遊ぶよりも「聞く」

小さいころは毎日30分一緒に何かをして遊ぶ！と決めていましたが、今は子どもの話を「聞く」ことのほうが喜ぶように。意外とこれが一番大事かも。

カード
UNO

わが家では「遊び」をこんなふうに考えています

息子はサッカー、娘は手作りに夢中です。
わが家では、遊びでもなんでも、やりたいことは子どもが勝手に見つけてくるもの、と考えています。やりたいこと＝花を咲かせるためには、自分で水やりしてね。
親は時々養分をあげる＝アシストする、というスタンスです。
そんなわが家の「遊び」に対する考えを３つにまとめてみました。

待つ

サッカーボールは玄関にカゴを置いて収納。

親がこれで遊ばせたい！　これを習わせたい！　と思うものをさせるのではなく、子ども自身の「これやりたい！」を待つ姿勢でいます。息子の場合はテレビでサッカーW杯のゴールシーンを見て目をキラキラさせていたこと、娘は保育所で手先が器用だと褒められてとてもうれしそうで、プラ板をつくってみたいと自分から言ったことが今につながる最初のきっかけでした。これは私自身が小さなころに、母が昔できなかったピアノを私に習わせたい、と習わせてくれたものの、興味がなく練習もまったくせずイヤイヤ12歳まで続けた経験がトラウマになっているのだと思います……（笑）。

仕掛ける

明らかにいつもの様子と違って子どもたちが興味がありそう！　そんな瞬間を感じたら、親が仕掛けるタイミング！　たとえば娘の手芸なら、YouTubeで少し年上の子どもたちが自分でアクセサリーをつくっている様子を一緒に見ることに。すると案の定興味津々！　私が知らないような技法を身につけたり、逆に私のほうが作り方を教えてもらう、なんてことも増えました。

タブレットやゲームはなんとなくダメなような気がしますが、使い方によっては、親が教えられないことを教えてくれるツールでもあるのです。

自分で作り方を学んでいます。

広げる

息子のサッカー道具、娘の工作や手芸にかかる費用は、おこづかいとは別で、「習いごと」にかかる費用と同じように考えています。たとえば、娘の場合は、手芸に関わるビーズやパーツなど材料費に出すお金は惜しみません。ですが、これひとつ買えば簡単に作れてしまうような、いわるキットのようなものは、クリスマスや誕生日だけにしています。

息子の海外サッカーを見るためにかかる月々の衛生放送の費用は「必要投資！」と考えています。ほぼ毎日30分は必ず見ているし、週末は家族のなかで一番早起きして試合を観戦し、海外選手の戦術を研究しています。

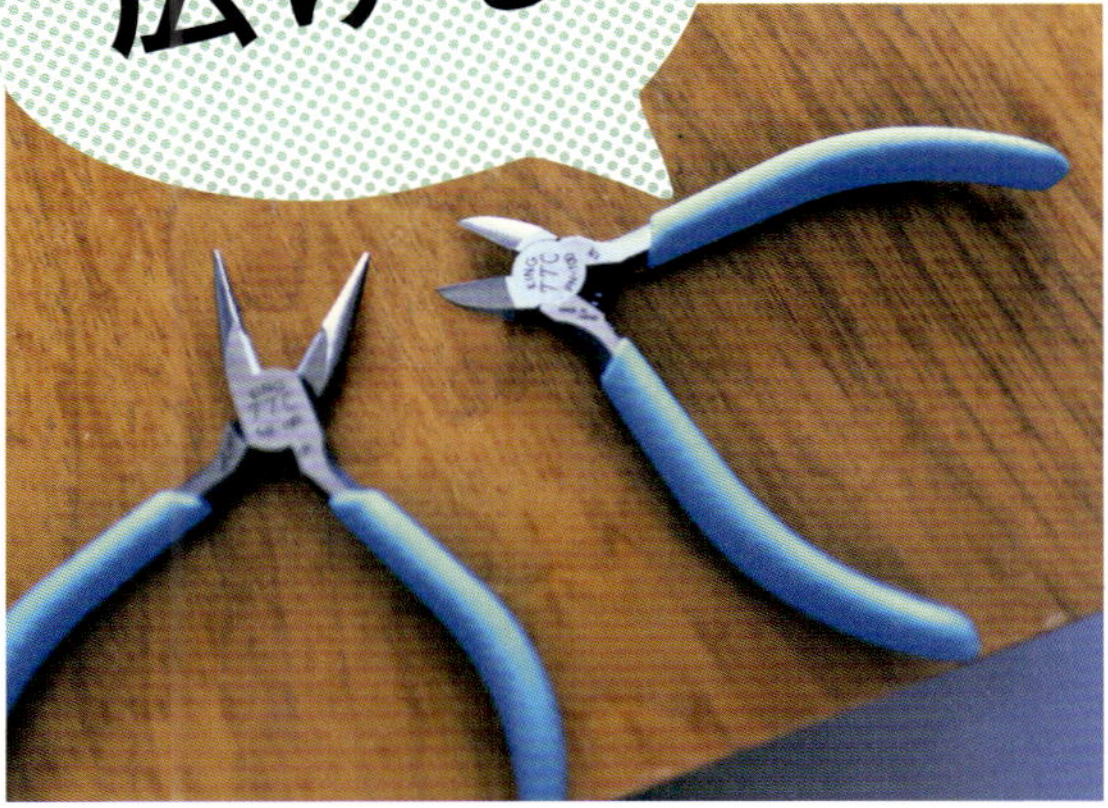

ペンチなど道具は長く使える丈夫なものを選んでいます。

やっぱり1ジャンル1ボックスで！

保育所のころと比べてぐっとおもちゃの種類が厳選されてきました。クリスマス前、お誕生日の前と、年に2回大きな整理を行います。一度全部出して「残しておきたいもの」「ゆずってもいいもの」に分けていきます。小学生になる前は私も一緒に仕分けのお手伝いをしていましたが、今では自分たちでするように。

3歳のころからおもちゃは「1ジャンル1ボックス収納」。

小学生のおもちゃの収納

1つの種類のものを1つのボックスに入れます。仕分けもラベル書きも自分で。以前は写真を貼っていましたが、年齢があがってくると、自分でできるようにするため、写真を印刷して貼るよりも、書くほうが子どもたちは自分でやりやすい！と気がつきました。

このおもちゃの整理、もし今まで子どもにさせたことがなかった……という方は、いきなり全部のおもちゃを整理するのはすこし難しい作業になります。そのときは、お母さんも一緒に「この中から一番好きなおもちゃを選んでみて！」と仕分けの練習をしてみてくださいね。

おもちゃの整理

LET'S GO!

いっぱいになってきたら、整理のタイミング！

まず、全部出します。

いるもの、いらないものを仕分けします。

いるものは箱に戻して、いらないものは処分かゆずるように。

おもちゃ・趣味のものの収納

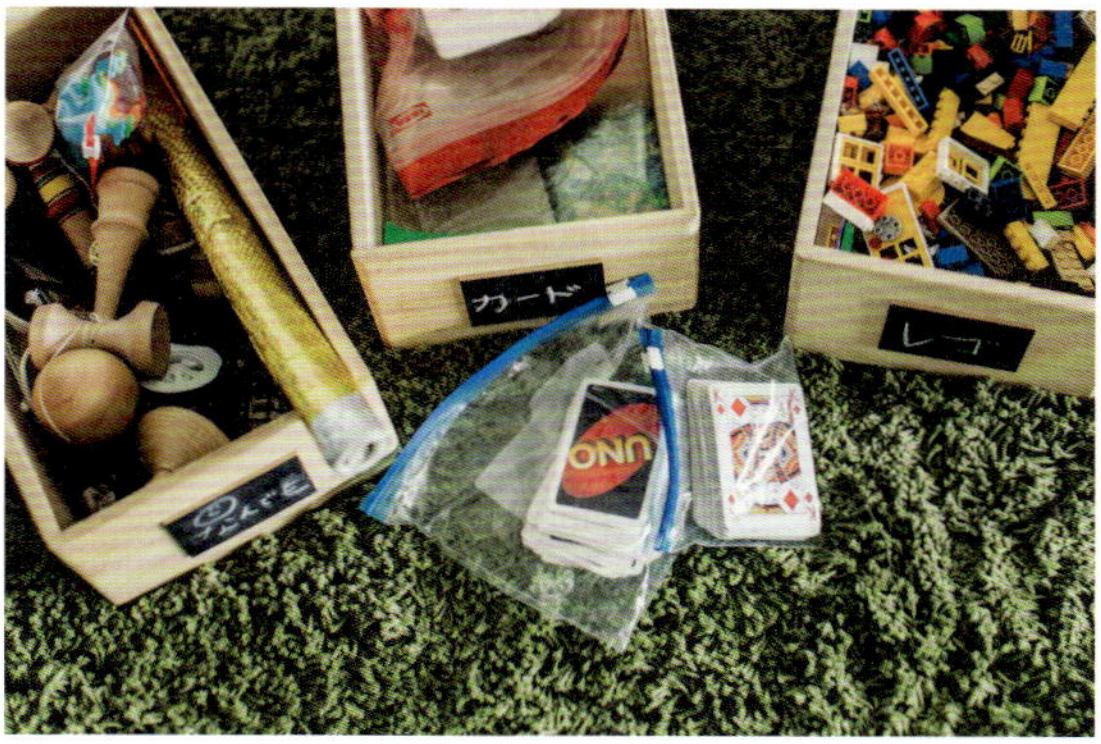

箱に1ジャンル1ボックスで収納。小学生になると細かいおもちゃが増えてきますが、箱から出してジャンルごとに収納します。向かって左から、なんでもBOX、カード類、レゴ。カードは種類ごとにファスナー付きビニールに入れてわかりやすく。

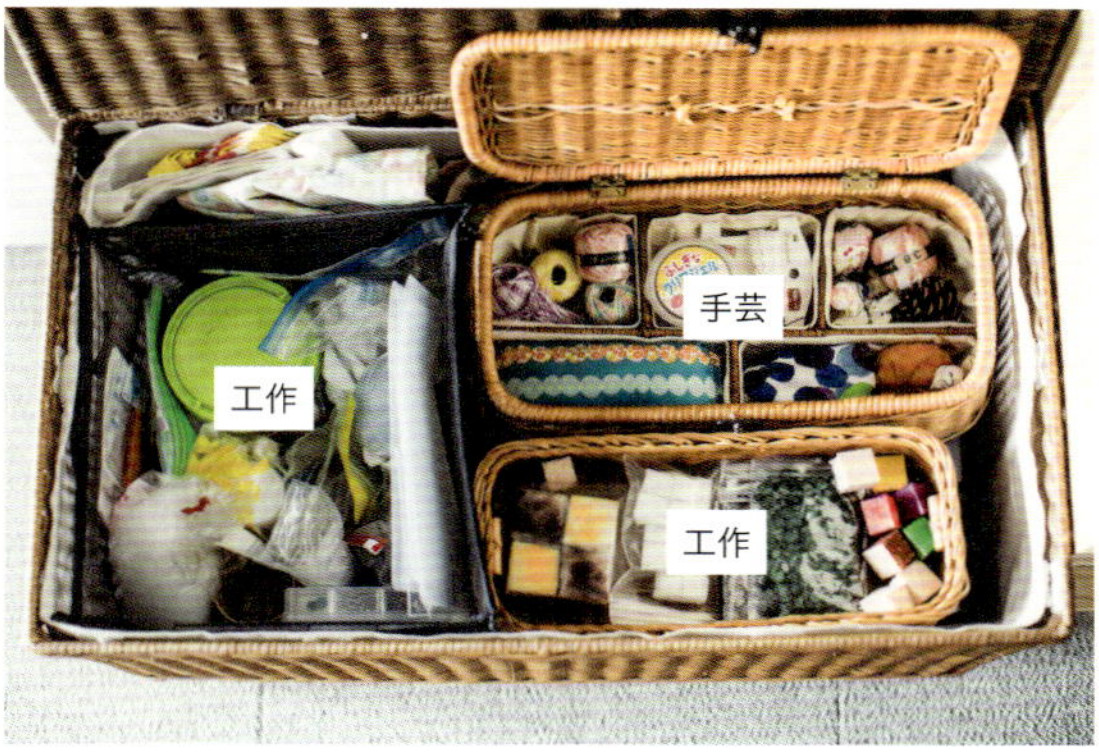

自分のスペース、机のそばに置いて。

娘の趣味のものBOX。手芸や工作など手を動かすことが好きな娘は手芸や工作の素材を一つの籐のBOXに納めています。種類ごとに小さく小分けして一目で見てわかるよう収納しています。

@サッカー

息子は週4日、Wスクールでサッカーを習っています。そのうえ公園でもサッカーをしたい日々……。息子は「ボールをきちんとかたづけたい」とはもちろん思っておらず、「1秒でも早くサッカースクールや公園に遊びに行けるような収納」というゴールを目標に、私と一緒に収納を考えました。

　つくりつけの下駄箱には全てに扉がついていましたが、扉を開けて何かを出し入れするのは私も子どもも億劫《おっくう》。子どもが使う部分の**扉をはずしてオープン収納**として使うことにしました。上段には私の日よけ帽子やサングラスなどのサッカー応援グッズ。中段は子どもたちの靴。下段は、カゴを入れて**ボールとスクールのバッグ収納**に。これで、玄関をコロコロ転がっていたボールの定位置が決まりました！

持ち物メモ

忘れ物が多くなってきたので、息子とチェックリストをつくりました。毎回このメモを見て自分で準備しています（夏・冬と季節に合わせたバージョンあり）。

レガースの収納

練習から帰宅後、お風呂に入る前に、サッカーのレガース（脚につけるもの）をネットに入れて洗濯機に入れてもらうために、息子の手の届く位置に洗濯ネットを引っ掛けています。キュッと差し込むだけで取り外し簡単。

習いごとグッズの収納

@お習字

週に1回、お習字を習う娘は、帰ってきたらすぐ筆を洗う習慣です。

きっと筆を洗うのが面倒くさくなるだろうなあと思ったので（私がそうだった……汗）、習いごとをはじめた日に、**筆を洗う仕組みと収納場所を一緒に決めました。**

やっぱり最初が肝心！ 洗面所で大筆を洗ったら、お風呂のドアのS字フックに引っ掛けて乾かします。だいたい1週間このままのことが多いけれど、自分で洗って乾かして準備しているだけで十分だと思うので、私が勝手に道具箱に戻したりはしません。

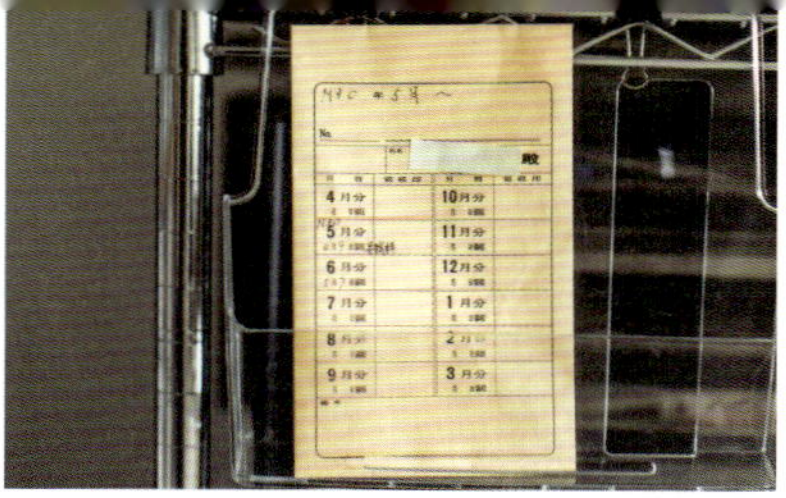

月謝袋

ランドセルと同じく習いごとのバッグも私は勝手にあけたりはしません。そうなると、銀行から引き落としではないお月謝袋タイプの習いごとは、「月謝袋」を提出してもらわねばなりません。子どもが自分で出してくるまではそのままなのですが、そのかわりもらったらすぐ出せるように、引き出しに千円札のストックを切らさないようにしています。

洗った筆は？

S字フックでお風呂のドアの取っ手に引っ掛けて乾かします。

みんなの
遊びスペース 1

よく遊ぶおもちゃと2軍のおもちゃを分けて収納しています

小学生の娘さんがおふたり、就学前の息子さんおふたりの4人のママのaikoさん。「アクアビーズやお絵描きなどの創作系、お絵描きPadなどのタブレット系、トランプやオセロなどのテーブルゲーム系など、よく遊ぶおもちゃは1階のリビング隣の部屋においています。それぞれカゴに入れるなどし

RULE 1
よく遊ぶおもちゃを取り出しやすいところに

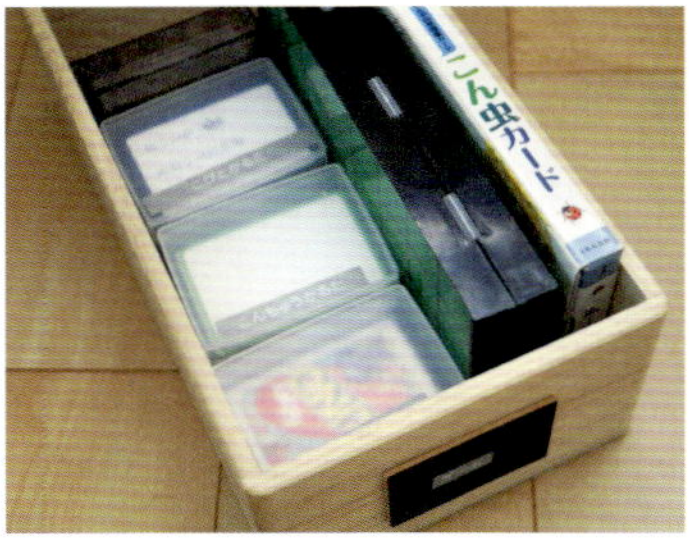

トランプは付属の箱では戻すのが難しくてよく放置されていたので、100円ショップのカードケースに入れ替えました。

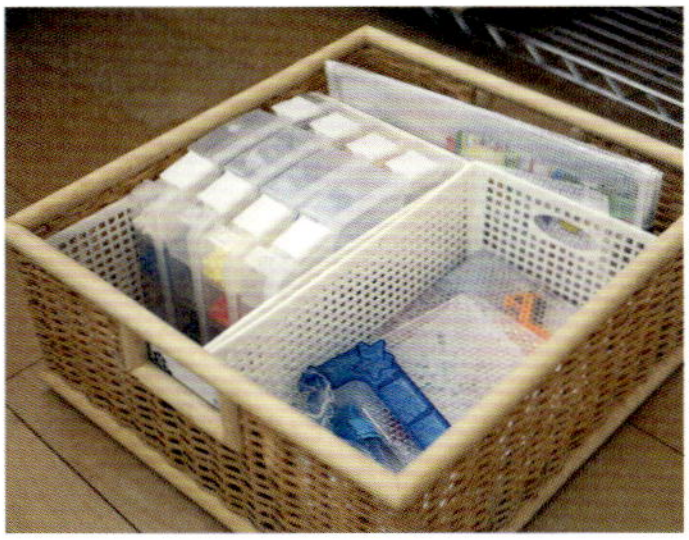

アクアビーズなどの創作系のものは細々しているので、小さなケースに分けて収納。

aikoさん
長女・小3、次女・小1
長男・年中、次男・7ヵ月

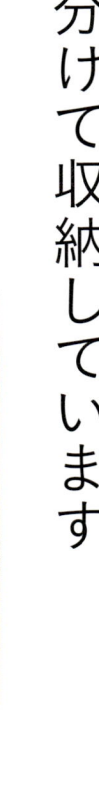

て、取り出しやすく、しまう場所も明確にしておくと、遊ぶ回数も増えるし、かたづけも自分たちでできるようです。」

RULE

2 充電も自分でできるようコンセントを近くに配置

タブレット系のおもちゃのそばにコンセントを配置し、充電も子どもたち自身でできるようにしました。

RULE

3 使用頻度の低いおもちゃは別の場所に収納

あまり使わない2軍のおもちゃは2階の子ども部屋に置いています。飽きたりするのか時々入れ替えも。

RULE

4 子どもの顔写真をラベルにして、楽しくわかりやすく

おまけなど、ジャンル分けできないおもちゃも人ごとボックスで。顔写真を貼って小さな子でもわかりやすく。

みんなの
遊びスペース 2

おもちゃは1ジャンル1箱でゆるっと管理。元に戻してあればヨシ！

RULE 1

テレビ下に おもちゃを収納

テレビ下のスペースにおもちゃを収納しています。細かく分ける収納は続かなかったので、手品用品、カードゲーム、レゴとジャンルごとに箱にざっくりと入れています。箱の中が乱雑でも、元に戻してあれば○にしています。

RULE 2

おもちゃは使う頻度で場所を分ける

リビングが散らかりすぎないよう、よく遊ぶおもちゃのみリビングに置き、2軍のおもちゃは子ども部屋に置いています。子ども部屋には他に本や図鑑、サイズの大きいおもちゃなども置いています。

＼@子ども部屋／

はやしさん
長男・小4、次男・小1

みんなの
遊びスペース 3

寝室と遊び部屋を一緒にし、何もない部屋をつくる

RULE 1
何もない部屋をつくる

寝具は三つ折りマットレスを採用し、寝室と遊び部屋を一緒にすることで、何もない部屋ができました。そこで、ボール遊び、飛行機飛ばし、ラジコン、マットレスを積み重ねて跳び箱なんかも。何もない部屋が一番楽しいようです。

RULE 2
おもちゃはテレビ下収納に1ジャンル1ボックスで

カード、レゴなどをジャンルごとにラベリングしてわかりやすく収納。

RULE 3
お気に入りは自分専用の小さなケースに

自分のお気に入りのカードは、他のものと混ざらないように自分専用の小さなケースにそれぞれ入れています。

Mayu さん
長男・小3、次男・小1

小学生になると持ち物も変化する オープン棚で柔軟に対応

RULE 1

小さい
おもちゃは
ボックスの中で
さらに小分け収納

小学生と年長の息子さんおふたりの吉田さん。「小学生になるとおもちゃもだんだん少なくなります。おもちゃ棚はほとんどが次男のもの。長男のものは左上のボックスのみ。ゲーム機は小さいので、ボックスの中を小さなカゴで区分けして使いやすいように。からまりやすいコード類は半透明のビニールケースに。ここはよく遊ぶゲームのみ、遊びおわったゲームは別の場所で保管。」

兄弟それぞれ宝物を入れるBOXを作っています。取っておきたいものはこのBOXがいっぱいになるまで、と決めています。兄弟で名称が違うのは本人に決めてもらったから。

RULE 2

宝物BOXは
兄弟1個ずつ

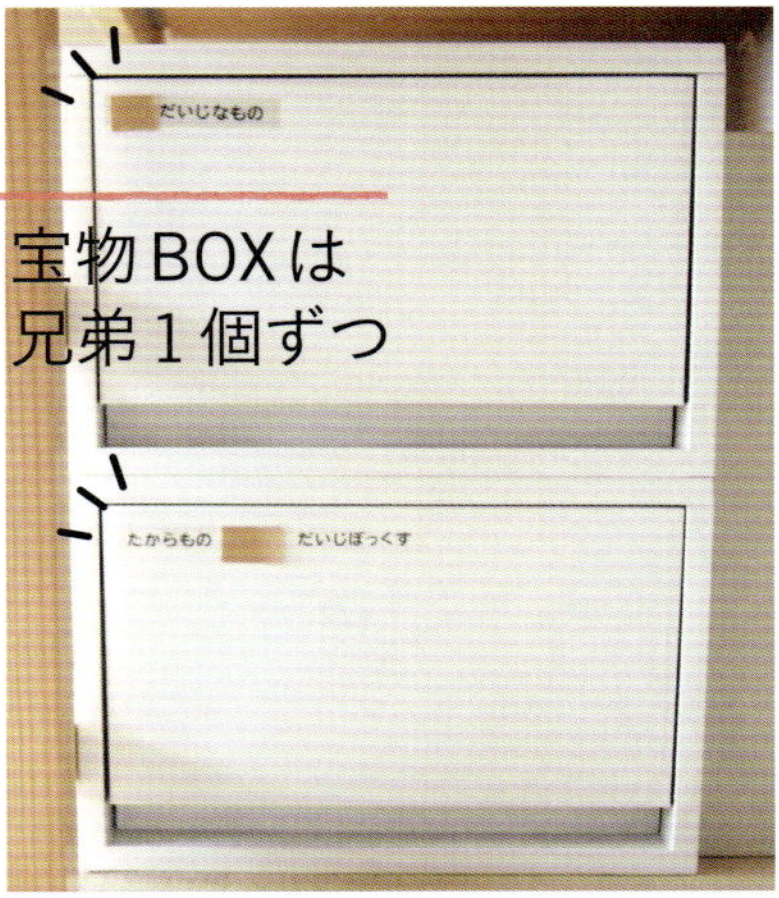

長男の宝物

吉田さん
長男・小5、次男・年長

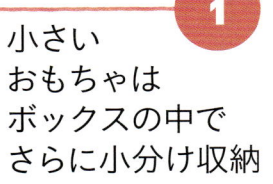

RULE 3

習いごとは専用のバッグを持つ

ランドセルの隣にカゴを置いて、習いごとのプログラミング教室のバッグの定位置に。ほぼ専用のバッグなので教材は入れっぱなしにしています。

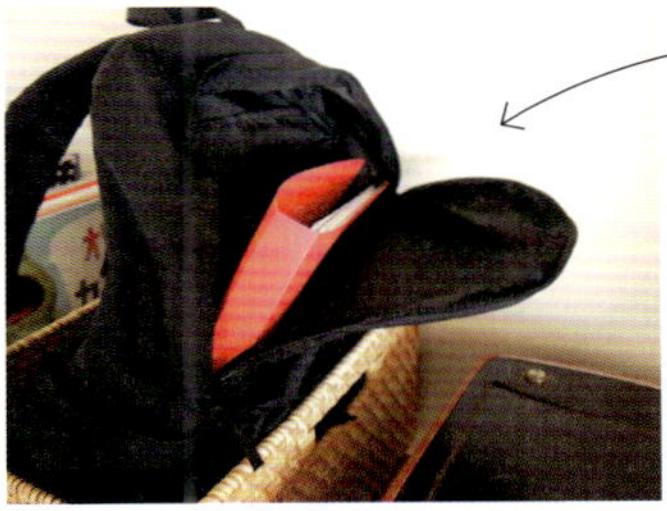

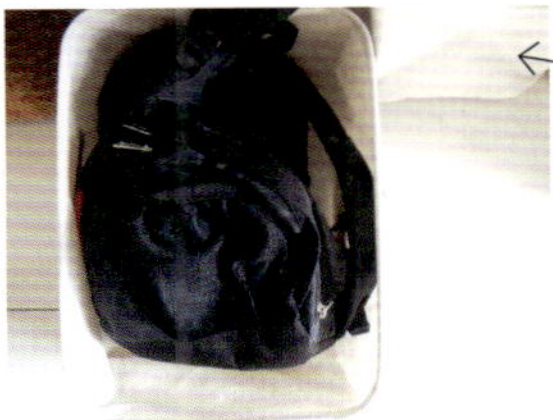

習いごとのサッカーで使用するリュックは、玄関を定位置にして。泥を家に持ち込まないように(笑)。

COLUMN

4

困ったとき、どうする？

とある休日。

壊れたスイッチプレートを修理しようと工具を探していた私……。どうやら会社に持っていったまま持ち帰るのを忘れていたようで、どこを探してもありません。困ったな～、今日は諦めようかな、そう思っていた時にふと娘が、「おかあさん、【ドライバーのかわりになるもの】ってネットで検索してみたら？」と言ったのです。

！　びっくりした私。

すぐにスマホで検索してみると、ドライバーのかわりに「ハサミの先端を使う」「カッターの先を使う」など、たくさんのアイデアがネットには溢れていました。

このとき、娘の発言に、驚いたのと同時に感心してしまいました。

困ったときにどうしたらいいのか？　自分で考えるようになったんだなあと。

もちろんネット検索だけではなく、日頃から、困ったことを自分で調べる、工夫する。

そんな力が少しずつついてきて、これからもっと、子どもたちから教えてもらうことも多くなってくるのだろうなあと感じた日でした。

CHAPTER

6

みんなのお悩みQ&A

ケータイ持たせる？
おこづかいは？
小学生ならではのリアルな
お悩みにお答えします！

Q 学校の先生とのコミュニケーションで気をつけていることは？

A1 子どもの前で先生の悪口は言わない

子どもの前では学校の先生の気になることや不安に思っていることは口にしないようにしています。子どもは良くも悪くも親を見ているなあと感じます。やはりそういった親の姿が、子どもの先生への反抗的な態度につながったりするのだと思うのです。

これは習いごとも同じく。思うことがあったとしても、夫とふたりのときと決めています。

A2 連絡帳にフセンの気づかい

これは会社のスタッフから教えてもらったアイデアなのですが、子どもの連絡帳にはマスキングテープを付箋がわりにして、先生がさっと連絡帳をあけやすいような工夫をしています。毎日30人分のチェックをするだけでもきっと大変だと思うのでこういった小さな工夫の積み重ねで先生の気持ちを少しでもラクにできたらと思っています。

また学期末や年度末には簡単なお礼のひとことを綴っています（お返事は大丈夫です〜と一言添えて）。

子どもが「欲しい！」と言うデザインを自分が気に入らないなあと思うときってないですか？

使うのは誰だっけ？

正直言うと、子どもが自分で選んだアイテムに対して、このデザインかあと思う時はやっぱりあります（笑）。娘が年中のころ、どうしても欲しいと言ったショッキングピンクの派手なキャラクターの筆箱。うーん……と思ったものの、目を輝かせて「欲しい！」という娘を前に、購入しました。大好きな筆箱を習いごとに持って行って嬉しそうな娘。

それから数年後、「おかあさん、最近あの筆箱はずかしくってカバンのなかからこそっと鉛筆を出しているねん」と。親が思っているより、娘はあっという間に成長して、また新しい「好き」を見つけてきます。

「使うのは子ども」であって親の私ではないですものね。私自身小学生のころはキャラクター好きだったけれど今はシンプルが好き！　自分の好きを自分で見つけられることの方が大事だなと思います。

Emiさんは PTA活動は されていますか？

気づきがたくさん！

はい、今年小学3年生ではじめて引き受けることになりました。活動して気づいたのは、小さなことひとつでも多くの保護者や先生に支えられている、ということ。プリント印刷ひとつでもたくさんの工程があってびっくり！　私の活動グループは基本的にＬＩＮＥで打ち合わせを行い、みなさん忙しいので、できるだけ少ない打ち合わせで決断できるように。仕事前に作業することが多いので、会社にＰＴＡボックスを作って収納しています。働いていると難しいこともあるけれど、学校での子どもの普段の様子が見られたり、ママのつながりができるなど、良いこともたくさんです。

PTAボックス。ここに関連書類を全て収納。

PTAバッグ。これさえ持っていけばOKのバッグ。名札も忘れないようにつけたままにして。

子どもが友だちの家に遊びに行くときに心がけていることは？

お菓子にメモをつけて

わが家は学童に通っていることもあり、子ども同士で約束して家で遊ぶことはそれほど多くはないのですが、行かせていただくときは、お菓子を持たせ、そこに一言メモをつけて。

はじめてお邪魔するときは、連絡先も添えるようにしています。

ペットを飼いたいって子どもが言い出したら？

自分で世話できるならOKのルール

ある時、金魚やめだかを飼いたい！ と子どもたちが言い出しました。自分たちで餌をあげる、水かえをする、というルールを守れるならOKとして、現在飼っています。

娘はグリーンを育てたいということで、毎日の水やりが日課。……でしたが、この夏数日水やりを忘れて、枯らしてしまったのです。でもそれも自分の責任。すべて茎からカットしてもう一度来年育つように、またトライするようです！（それもひとつの勉強かな……）。

子どもにケータイ持たせてる？

お守り代わりに持たせています

双子それぞれひとつずつキッズケータイを持たせています。元々は、学童を卒業する高学年ごろまでは必要ないのでは？ と思っていたのですが、小1のころ、私が仕事のため予定していた時間に帰宅できない日がありました。玄関で泣きながらふたりが待っていて不安にさせてしまったことがあり、それ以降お守りがわりに持たせています。

今は、習いごとが終わったときや留守番時に電話を使っています。

防災用に笛も一緒につけて。

Q 将来、お子さんが一人部屋を欲しがったらどうする？

A 子どものタイミングをよく見て

実はこのごろ娘がひとり部屋を欲しがっています。ひとりで寝られるようになったら個室、と思ってはいるのですが、娘と息子のタイミングが違うようで悩ましいところ……。

ですが、ダメ！　まだ早い！　というだけではなく、娘の理想のお部屋を一緒にイメージして、ネットや雑誌から気になる画像をたくさん探してマイノートに貼り付けたりしています。

予定では5畳のファミリークローゼット（↓P.12）を娘の部屋にする予定ですが、詰め込みたいものが多すぎて困っている様子（笑）。

やはり娘の気持ちがアツイうちに部屋を持たせてあげるのが、自分の部屋や物を大事にすることにもつながると考えています（思い返せば私は小3でインテリアに目覚めました！）。ですので、春休みに部屋づくりをして4年生から、と考えています。

息子は今の子どもスペースで十分だそうなので、当分はこのままかな!?

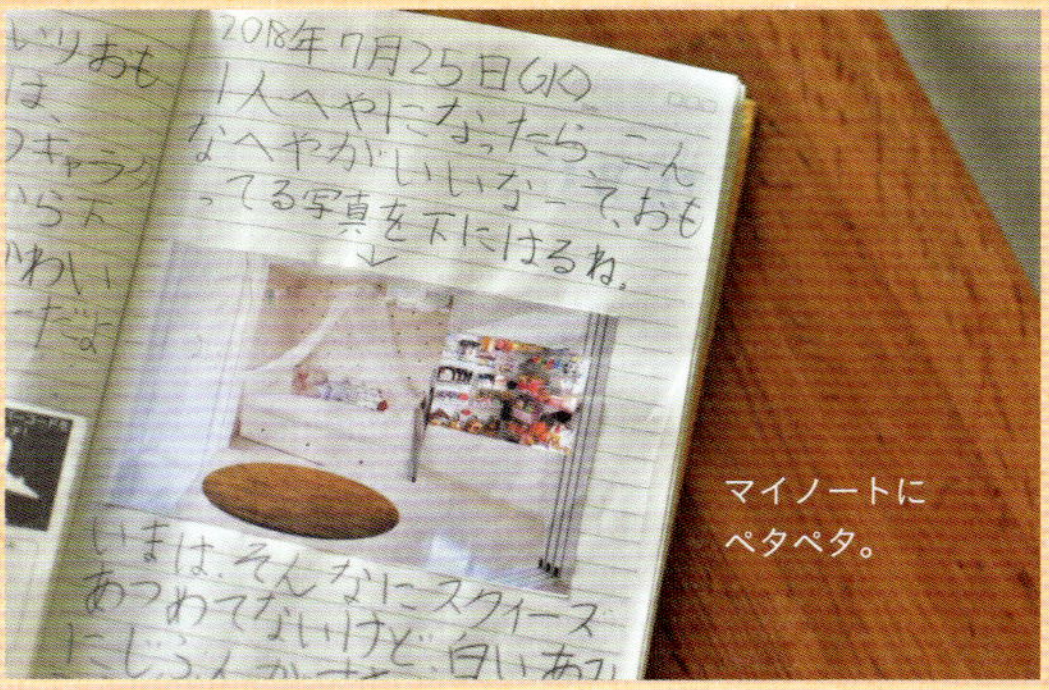

マイノートにペタペタ。

机の上に置きたいのだそう。

子どもに「早くしなさい〜！」ってガミガミ言っちゃうことない？

子どもと一緒に考えてみよう

この3年生の夏休み、朝の予定がどんどんずれこんで、出発ギリギリ〜！　なんてことが多かった娘。困るのは本人なので、あまり口出ししないでおこうと思っていても、ついつい「早く！」と出そうになりました。でも本人にとって切実でないと動けないのは親も子も同じ。

なんとなく曖昧になってきていた朝の時間を【見える化】しよう、と、娘とふたりで、時間とやることを書き出して。そうすると、娘のなかで、6：40までに着替えを終えておきたい！　という明確な目標ができた様子。そこからは毎日、その時間を目標に（合い間にダラダラをはさみながらも〜）がんばっています！

もちろん付箋で書きだすのもいいと思いますし、こんなふうに子どもと一緒に、「どうしてその時間までにやっておいたほうがいいのかな？」を考える時間を持つことが大事なのだと思いました。

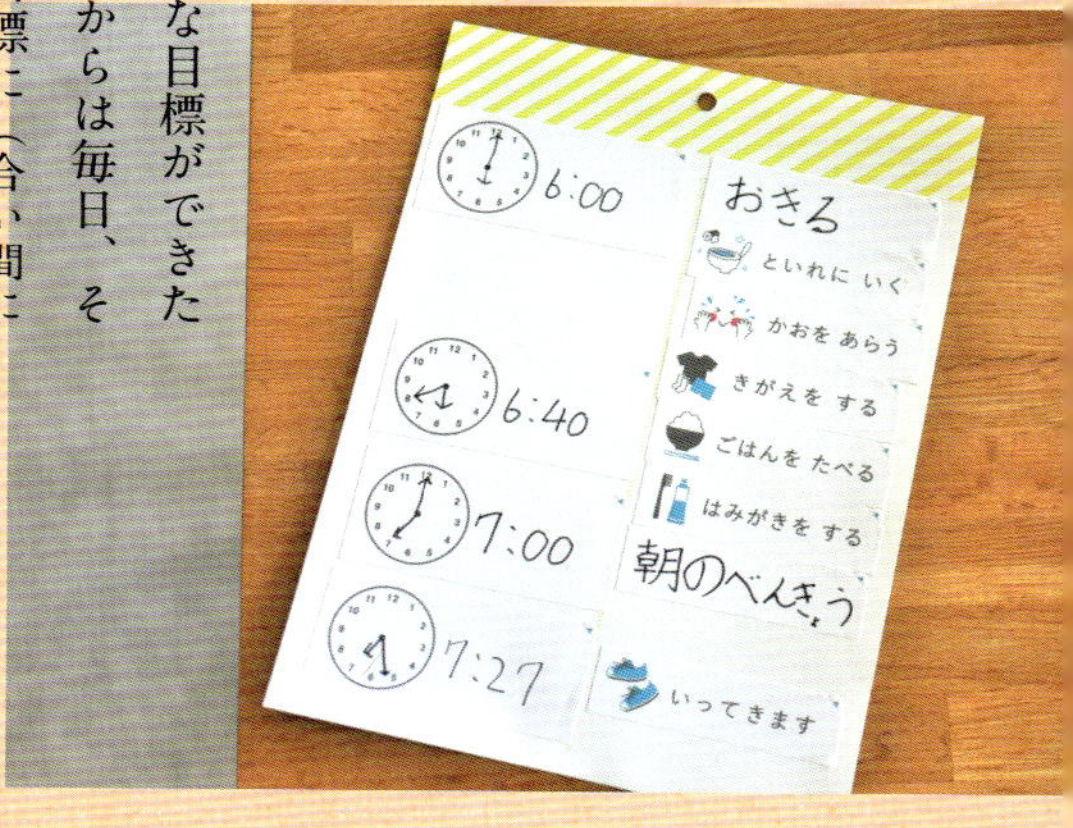

「じぶんでよていをくみたてられる　やることボード」
(GAKKEN×OURHOME)

みんな、どうしてる？

「小学生のお手伝い、どんな感じ!?」

小学生の子どもを持つＯＵＲＨＯＭＥのママスタッフに小学生のお手伝い事情を聞いてみました！

OURHOME
ママスタッフ座談会 1

Emi　みんなの小学生の子どもたちは、おうちのお手伝いどんなふうにしてる？

大地　小学5年生の娘たちは高学年になって習いごとなどで忙しそうなので、お手伝いしてほしいって言いづらいときがあるかも……。でも、何かしてもらえると助かるから、寝るときに布団を敷いたり配膳とか、**少しの時間でできることをお願い**しています。そういえば、たまにお友達を家に呼ぶときは掃除をはりきってやってる！（笑）

Emi　わかる〜！　うちも娘が小学2年くらいのときから、家にお友達が遊びにくるってなると、いつもより念入りにきれいにしようと頑張っているよ（笑）。特に女の子は、お友達にどう思われるかを気にするようになるから、お友達を家に招くときがスイッチ入りやすいかもね。

丸中　うちも小学1年の長女にはお風呂掃除とかタオルたたみとか、簡単なものをお願いしています。お友達の影響でおこづかいをほしいって言うので、どのお手伝いでも、1回10円を渡すようにしたら、今はお金を貯めるために頑張っている感じです（笑）。

Emi　おこづかい以外で何か工夫したことはある？

丸中　タオルは子どもの背が届く位置に置き場所を変えたり、お箸の位置も取り出しやすい場所に変えました。

Emi　なるほど～。**子どもが自分でできる仕組み**にするの、すごくいいね！

上垣内　うちの小学1年の息子は、配膳をなかなかやってくれなくて……。何かいい方法ないかな～って、悩んでるんです。

Emi　最近うちはペン立てのような箸立てを使っているんだけど、常にそれを**ダイニングテーブルの上に置きっぱなし**にしてる。家族が食べる時間がバラバラの日もあるから、「好きなときに使ってねスタイル」にしていると、カトラリーケースをその都度持ち運ばなくてもいいから、みんなラクになったよ。

上垣内　なるほど～。**動かなくてもいい仕組み**にしてしまうのもひとつですね！

矢原　うちの子どもたちは食べたい気持ちが強いから、配膳はすすんでやってくれてるかな～！（笑）。

丸中　すごいですね！　でも何か子どもがやりたくなる仕掛けがあるんじゃないですか？

矢原　ダイニングテーブルの側にカトラリーを置いている棚があって、そこにできあがったごはんも一緒に置くよ

タオルは子どもの手の届く位置に（スタッフ丸中）。

うにしているの。子どもたちに「ごはんできたよ〜」って声をかけたら、その棚からごはんと使いたいカトラリーを一緒にテーブルに運んでいるよ。

Emi　配膳もなるべく少ないアクションでできると、子どもも「やろうかな！」って思えるよね。それに、**やってもらいたいことと、得意なことや好きなことを組み合わせる**のもいいと思う！　そもそも、なんのために子どもに家事を手伝ってほしいのかな？

上垣内　そういえば、じっくり考えたことなかったかも……。でも、大人になったときに何も知らなかったら困るだろうな〜って思うからかな。

Emi　私は、そもそもお手伝いというより、**家族みんなで家事を分担している**っていう感覚かな。だから、決して毎日してほしいとは思っていないんだよね。実際、私自身が学生のころ、ときどきしかしてなかった（笑）。

上垣内　家事の分担か〜。パパとは**家事分担**や**家事シェア**について考えたことはあったけど、子どもにはそういうふうに考えたことなかったです。

Emi　うんうん。それに私が大人になって家事をできるようになったのは、毎日お手伝いをしてきたからじゃなくて、子どもの頃に母や祖母がやっているのを見ていたからかも。だから毎日できていなくても、**親がやっているのを見て基本を知っているだけでも十分**、という気持ちがどこかにあるんだよね。

矢原　「やり方さえ知っていたら将来困らない」というのを、Ｅｍｉの書籍『おかたづけ育、はじめました。』で読んだのがすごく心に残っていて、もちろん洗濯物をたたんでくれたらうれしいけど、**「やり方を知っているからまぁいいか」**って思えるようになってから、

箸立てに立ててテーブルの上に。すぐ取りやすい（Emi）。

私も気持ち的にラクになりました。

Emi　そうだよね。例えば、トイレ掃除の手順にしても、まずはどこから拭いたらきれいに掃除できるかなって考えるよね。それって、自然と次に使う人のことや効率を考える力がついていることになるから、結果的に**将来仕事でも、生きていくうえでも、大事な力**になっていくと思うな。何のためにこれをやるのか、なぜこの順番なのかを子どもが理解できるように教えるだけでも、すごく意味があると思うな〜。

上垣内　確かに、「これ出しといて！」って言うだけよりも、**なんでこれを出すのか理由もセットで伝えたほう**が子どもも行動にうつしやすいかも！

Emi　そうそう！　その意味とセットの伝え方って、部活とか学校生活でも絶対に役立つと思うんだよね。お友達や先生に何か伝えたいときにも応用できるし。そういう意味でも**家事はすごくいい練習の場になる**よね！

大地　今日のお手伝いをやるかやらないか、だけに目を向けるんじゃなくて、もっと長い目で考えると、毎日ガミガミ言わなくても済むかもですね〜！（笑）

Emi　そうだね、私たちもそのほうが気持ち的にラクになれるかもだね！

おてつだいくじびき（Emi）。

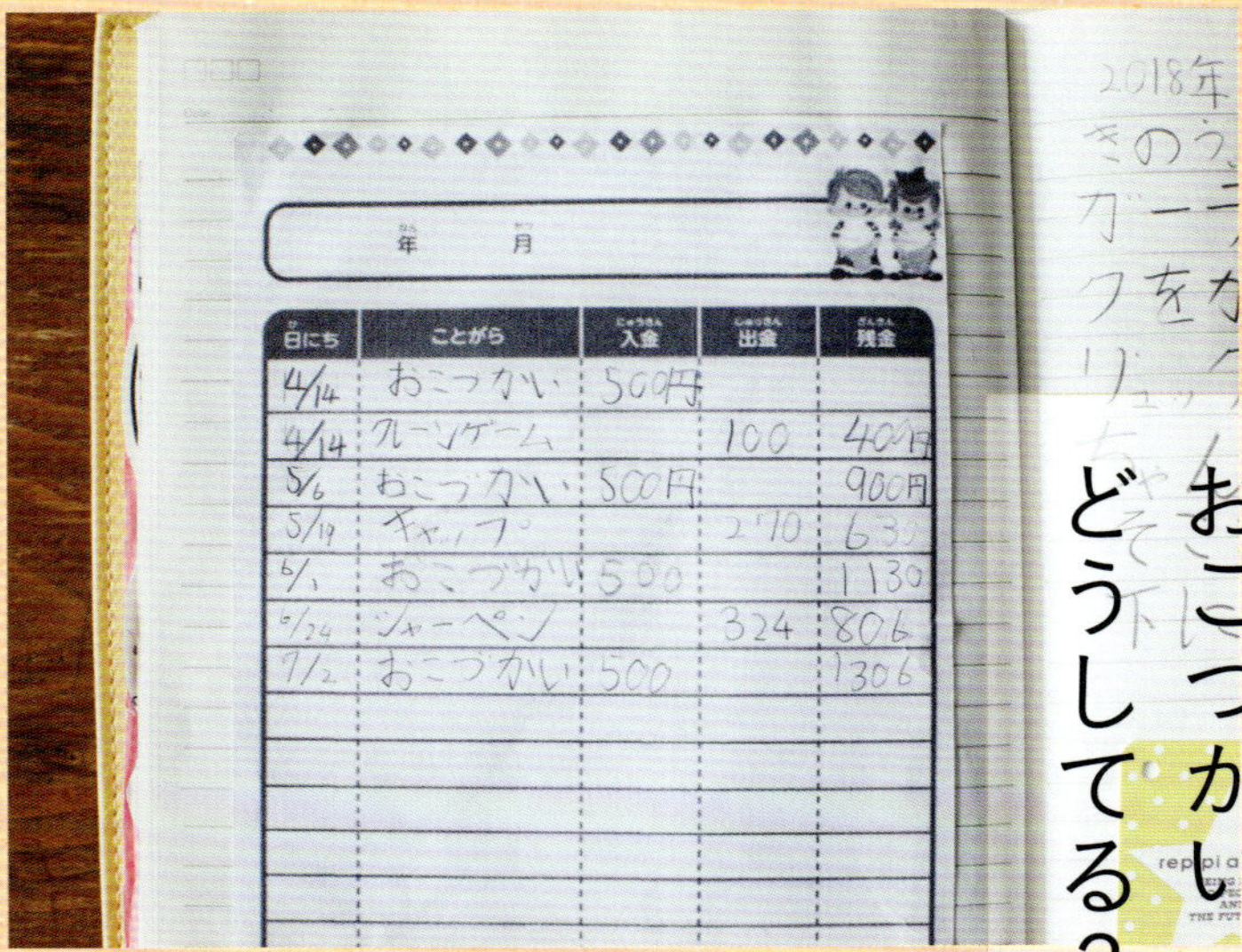

マイノートにおこづかい帳をコピーして貼って。

Q 子どものおこづかいどうしてる？

A おこづかい制度にしています！

小3の春から「おこづかい制度」をはじめました！

毎月1日に500円を手渡し。ただし、おこづかい帳の残金と現在の残金がピタッと合っていないともらえない仕組み。

また、私から声かけすることはなく、子どもたちが自らやってきたら渡すということにしています。

おこづかい帳は市販のものを使って、子どものマイノートにコピーして貼っています。

500円の使い途はというと……たとえば、キラキラのついた120円の可愛い鉛筆が欲しいとします。一般的に鉛筆は60円程度なので、そこまでは親が出すけれどそれ以上は自分のおこづかいから、ということに。また、親へのプレゼントなどもおこづかいから出してくれています。

娘は毎月1日にピタッとおこづかい帳と財布を手に私のところへやってきますが、息子はあまり興味がない様子〜。これも双子のおもしろいところです（笑）。

Q 子どもはただいま年長さん。入学前にやっておいてよかったことはありますか?

A やっておいてよかったこと3つ!

入学前だからとあまり構える必要はないかな～と思うのですが、わが家でやっていてよかったと思えるのは以下の3つです(ランドセル置き場を考えるのは大前提です)。

①学校出発の時間をまわりのお友達にリサーチ

リサーチしたら、わが家は保育所時代にくらべ30分も早く出発しなければならないことがわかり、少しずつ早起きの練習をしておきました。これはやっていてよかったことの一番です!

②和式トイレをつかう練習

まだまだ和式トイレが多い小学校。娘は保育所で習ってできているものだとばかり思っていたら、あるとき娘がスカートを全部下におろしていてびっくり! 公園のトイレで何度か練習しましたよ。

③公園から自宅に帰る練習

いつもの公園だけれど、子どもだけで行ったことがなかったので、行き帰りの練習をしておきました。マンションのインターフォンも子どもには届かなかったり、私にも新しい発見がありました。

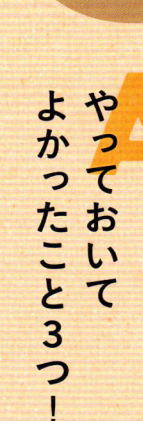

Q プリント整理、どうしてる？

A 小学校は持ち帰りのプリントがとても多くて最初はびっくり！仕組みを考えてうまく回り始めています。

リビングと子どもスペースの間に書類を一括収納する「情報ステーション」をつくっています。私も子どももよく使う場所です。（→P.12）

赤は娘、青は息子、とパッとわかる。

①情報ステーションのお手紙ポストに、子どもに入れてもらう

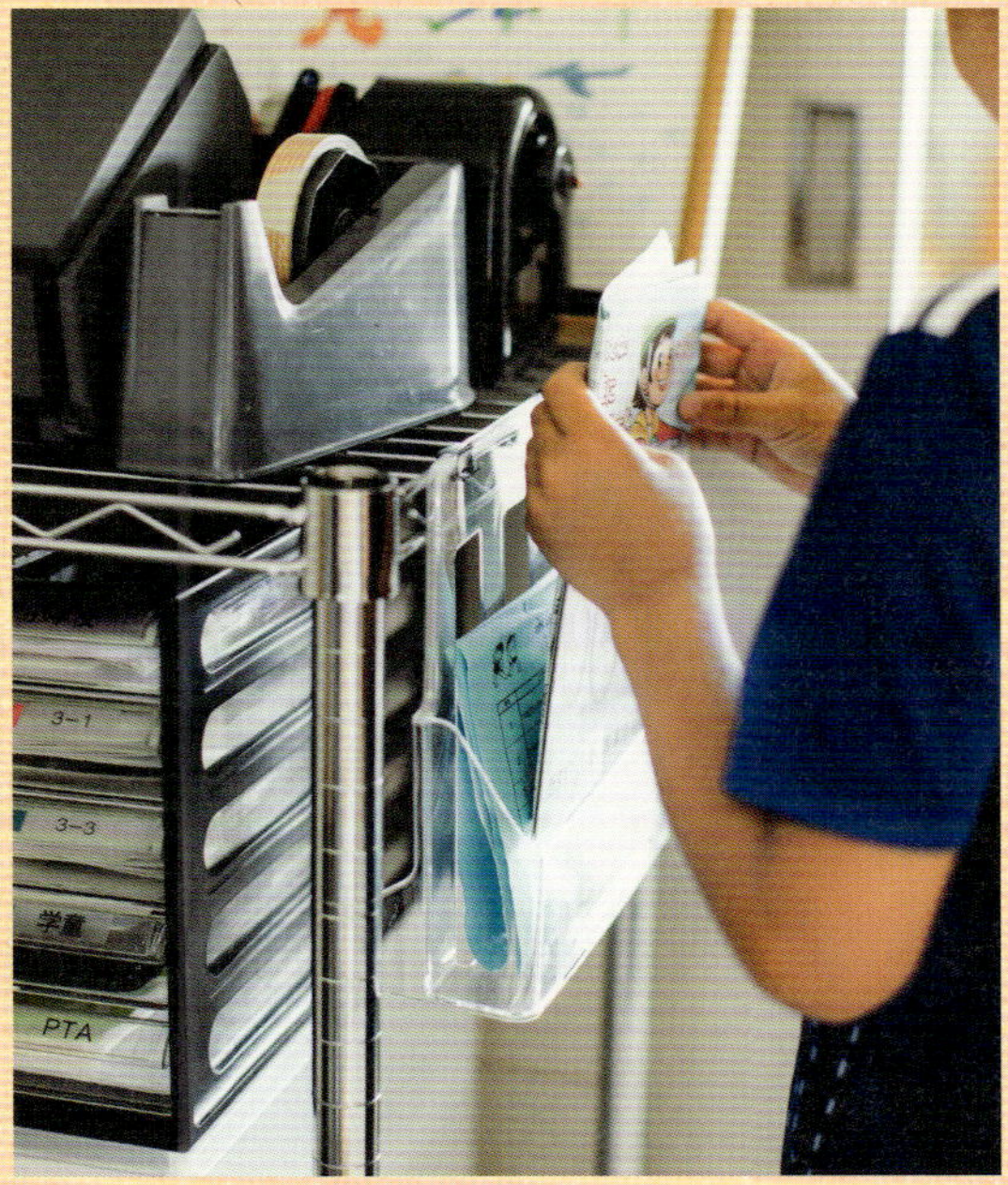

最初は手紙を入れる場所が決まっておらず、床やテーブルの上など日々バラバラだったのですが、決めてからは親子共々楽になりました！

またこのとき、「プリントは一回で読む！」と気合いを入れて読んでいます。あとから読もう〜と自分に期待しないことにしました（笑）。

②月間予定などはボードにはりだす

③あとで見返す必要のあるものは、スマホで撮影

④ファイリングせず5段トレイに上から重ねて入れる

穴をあけてファイリングが苦手な私です。薄いトレイに「小学校、息子のクラス、娘のクラス、学童、PTA」と分けてあり、ここへ上から重ねて入れていきます。必然と新しいものが上にある仕組み。

＊年度末になれば、全て出して仕分けをします。子どもたちの「学級だより」は思い出なので、P43の子ども別保管ボックスにIN。

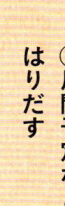

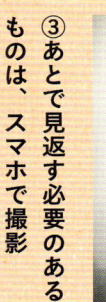

みんな、どうしてる？

「小学生のおこづかい、どうしてる!?」

小学生のおこづかい事情について、OURHOMEのママスタッフたちに聞いてみました！

OURHOME
ママスタッフ座談会 2

Emi　小学生になると気になるのがおこづかいだと思うんだけど、みんなはおこづかいってどうしてる？

藤井　うちは、長女が小学1年生の時から300円×年齢のおこづかい制を始めていて、今は小学3年生で8歳なので毎月2400円渡しています。

Emi　その金額の設定はどうやって決めたの？

藤井　テレビで見た大家族のおこづかいルールを参考にしました。パパもこれいいね！　って（笑）。はじめは多いかなと思ったけど、連絡帳とか学校で必要なものもおこづかいから買うルールにしているのでちょうどいい感じです。

Emi　へ〜！　すごい！　**パパと一緒にルールを決める**ってすごくいいね。

大地　うちの娘たちは小学5年だけど、おこづかいというのは特に渡していな

くて、子どもが「ほしい」って言ったらあげてました……！（笑）

佐藤　でも、それでもうまくいく秘訣ってあるんですか？

大地　小学生のうちは文具類は親が買う、娯楽的なものはお年玉から出すというルールはあるんだけど、高学年になると「おもちゃほしい」って言うことも減ってきたからかも。「ほしい」って言われるのはお祭りのときくらいで、意外とあまりないかな。

Emi　なるほど～！　高学年になると使い方も変わってくるんだね。

矢原　うちはおこづかい制はまだやっていなくて、小学1年の長女には、習いごとのお月謝の封筒にお金をいれるときに**「お月謝のお金、これだけ入れているからね」**って、伝えています。パパのお仕事のお金で習いごとができている、っていうのは伝わっているかも。

Emi　まずはお金のありがたさを伝えるというのもいいね。**うちも習いごとのお月謝の袋もかならず子どもから渡してもらう**ようにしていて、毎月いくらかかっているのか、知ってもらういい機会になっているよ。

山崎　今年はじめて年長の娘にお年玉から100円玉5枚を渡したんですけど、300円はささっと使ってしまったけど、残り2枚になったら急に使わなくなってました。お金の価値はまだわからないけど、枚数が少ないのはいやだと感じてるみたい（笑）。

佐藤　年長の娘には、お風呂掃除とごはんの配膳をお手伝いしたら1回10円をわたしていて、「お仕事ごくろうさまでした～お給料です！」って言って渡しているよ。うちもまだお金の価値はわかっていないけど、お金ってどうやったらもらえるのか、を伝えられたらな～っと。

Emi　それもいいね～！　みんな、お年玉ってどうしてるのかな？

西口　中1と小学3年の子どもたちに、お年玉を年初めに15000円ずつ渡して「1年間かけて使ってね」という予定だったけど、最初の方に全部使ってしまって……！　「失敗した〜！」って子どもたちも後悔してました（笑）。でも、次の年からは自分たちなりに考えてうまく使っているみたいです。

Emi　そっか〜！（笑）。でも、**失敗から大事なことを学べたね！**　おこづかい制をやっていてよかったことはある？

藤井　小学3年の長女が、「お友達が持っているキラキラの筆箱をほしい」って言ったことがあって、私が「自分のおこづかいから買ったら？」って言ったら、しばらく考えて結局買わなかったんです。**自分のお金を意識することでワンクッションおけるようになったの**がよかったかもです。

Emi　なるほど〜！　うちは、文房具は親が出すスタイルだけど、1本100円するキラキラの鉛筆は、60円は親が、40円は自分から出すことにしてる。だから娘は自分のお金から出すなら……と、キラキラの鉛筆は1本だけにしてあとは1本60円の普通の鉛筆にしていて、子どもなりに考える力がついてるんだな〜って感心したよ。

夫の誕生日プレゼントを自分たちのおこづかいから買いたいって言ってくれた時はうれしかったな〜！　おこづかい制をやっててよかったなって思ったよ。

上垣内　うちは長男が小学1年なんですけど、おこづかいのこと何も考えてなかった！（笑）。今日帰ったら、家族に話してみたいと思います！

COLUMN

5

いつもと違う場所で得られる気づき

急遽1泊2日で旅行に行くことになったある日。泊まったのは、古民家を改造したとてもすてきなホテルでした。新しい場所に行くと子どもたちは興味津々！　部屋の中の階段をのぼったりおりたり。選べる浴衣もうれしくて。

旅には必ず、自分の気づきをメモする「マイノート」を家族それぞれ持っていきます。

子どもたちのノートにこんなことが書いてありました。

「ホテルのとくちょう。ホテルの部屋には時計がない。おかあさんに、なんで？　って聞いたら、ゆっくりくつろぐためだよ、って言ってたよ」

へ～、そんなことをメモするんだ！

子どもの興味って親の想像を超えて、面白いことに気づくんだなあ。

いつもと違った場所に行くと、親も子も新しい気づきがありますね。

おわりに

え！　ランドセルの置き方にそんなこだわりあったんだね！
え！　習字の筆だけじゃなくて、すずりも毎回洗ってたの？　すごい！

この本を1冊仕上げるにあたって、わが子にたくさん取材してみたら、
私の知らない子どもの一面に気づくことができました。

生まれてすぐのころは、私を目で追うようになった！
おもちゃを握れるようになった！　寝返りができた！
と小さなことで喜んでいたはずなのに、成長とともに、
子どものすこしの変化にも気づきにくくなっているような気がするこのごろ。

子どもは、私たち親が思っている以上に、いろんなことを学校やお友達から学び、
成長していっているのかもしれませんね。

つい、できていないことが目につくこともあるけれど、
できるならば「できていることの数を数えて褒めてあげたい」
きっと1年前よりずっとずっと成長しているはず。

＊

初著書『OURHOME～子どもと一緒にすっきり暮らす～』を
出版したころは4歳だった双子も9歳になりました。

それぞれ「自分の気持ち」が芽生えてきている中で、小学3年生になった子どもたちの、
リアルな暮らしを書籍にすることを迷った私がいました。

「小学生のおかたづけや暮らしで困っているママや悩んでいるご家族にお届けしたい。
だけれど、お母さんは、ふたりの気持ちが一番だと思っているよ。
本当の気持ち、どう思うかな？」

正直な思いを子どもたちに伝えて、子どもたち自身に決めてもらうことにしました。

「え～、ちょっとはずかしいな～。でも……いいよ！」

*

12冊目となる本がようやく完成し、
読者のみなさまにお届けできることを幸せに思っています。
この本にご協力いただいたすべての皆様、
そしていつも協力してくれる家族に感謝をこめて。

emi

整理収納アドバイザー　Emi

OURHOME主宰。2008年に暮らしのブログ「OURHOME」を開始。大手通販会社で8年間「インテリア収納用品」の企画担当を経て、整理収納アドバイザーとして独立。家族をまきこみ、気持ちがラクになる片付けが得意。現在は、著書執筆、メディア出演、オリジナルのものづくり＆オンラインショップ、くらしのレッスン運営と、幅広く活動。NHK「あさイチ」「助けて！ きわめびと」などメディアでも活躍中。著書に『OURHOME〜子どもと一緒にすっきり暮らす〜』(ワニブックス)『おかたづけ育、はじめました。』(大和書房)など現在累計42万部。プライベートは2009年生まれの双子の母。

OURHOME とは

「みつかる。私たち家族の"ちょうどいい"暮らし。」をコンセプトに忙しい家族がラクできる整理収納アイデアや時短のコツなど「ちょうどいい暮らしの情報」と日本の工場とのものづくりを行い「ちょうどいいオリジナル商品」をお届け。また、主宰であるEmiをはじめ、現在9名のスタッフはすべて小さな子どもを持つママ。時短勤務や、在宅勤務などその都度、くらしの変化に応じて働き方を変化させ、「ちょうどいい」働き方を実践中。兵庫県・西宮北口に「くらしのレッスンスタジオ」と「OURHOME」ショップがある。

HP&オンラインショップ　www.ourhome305.com

インスタグラム　@OURHOME305

OURHOME

小《しょう》学《がく》生《せい》のおかたづけ育《いく》

子《こ》どもも私《わたし》もラクになる暮《く》らしのヒント

2018年12月15日　第1刷発行

著者

Emi《エミ》

発行者

佐藤 靖

発行所

大《だい》和《わ》書房

〒112-0014

東京都文京区関口1-33-4

電話　03-3203-4511

印刷

歩プロセス

製本

ナショナル製本

ISBN978-4-479-78452-4

乱丁・落丁本はお取替えします

http://www.daiwashobo.co.jp

※本書に記載されている情報は2018年11月時点のものです。

※本書の収納方法、片付け、インテリア、家事などを実践いただく際は、建物の構造や性質、商品の注意事項、戸外の状況等をお確かめのうえ、自己責任のもと行ってください。

staff credit

撮影

仲尾知泰(カバー、帯、本文下記以外すべて)

著者(p41[下]、42[下]、59[下]、67[下]、95、110[下]、112、113、116[下]、117[上]、122)

ご協力読者の方、OURHOMEスタッフ(p46〜53、82〜87、102〜105、115)

AD

三木俊一

デザイン

廣田 萌(文京図案室)

イラスト

仲島綾乃

校正

大川真由美